金毓 著

收入分配
对出口产品质量及其
福利效应的影响

The Effect of Income Disparity on
Export Product Quality and its Welfare Implication

经济管理出版社
ECONOMY & MANAGEMENT PUBLISHING HOUSE

图书在版编目（CIP）数据

收入分配对出口产品质量及其福利效应的影响/金毓著 . —北京：经济管理出版社，
2015. 7

ISBN 978-7-5096-3788-3

I.①收… Ⅱ.①金… Ⅲ.①税收制度—影响—出口产品—研究—中国 Ⅳ.①F752. 62

中国版本图书馆 CIP 数据核字（2015）第 107216 号

组稿编辑：贾晓建
责任编辑：贾晓建
责任印制：司东翔
责任校对：超　凡

出版发行：经济管理出版社
　　　　　（北京市海淀区北蜂窝 8 号中雅大厦 A 座 11 层　100038）
网　　　址：www. E-mp. com. cn
电　　　话：（010）51915602
印　　　刷：北京易丰印捷科技股份有限公司
经　　　销：新华书店
开　　　本：720mm×1000mm/16
印　　　张：10. 5
字　　　数：158 千字
版　　　次：2015 年 8 月第 1 版　2015 年 8 月第 1 次印刷
书　　　号：ISBN 978-7-5096-3788-3
定　　　价：38. 00 元

前　言

　　我国在内外贸一体化的过程中，主要障碍是国内外市场质量需求的非均衡化问题。以发达国家为目的地的出口市场与国内市场对质量的需求存在落差：一方面，国内市场质量需求过低，令企业对产品的质量升级投入无法获得规模效应，导致国内市场的高质量供给不足，而国内未被满足的小部分高质量需求转而由进口弥补，造成我国出口低质产品而进口高质产品的现象。可见，内需对于产品生产、进出口模式有着重要影响。另一方面，我国在内需不足的情况下，2012年全球奢侈品行业25%的销售额却来自中国。可见，影响消费的不仅是总收入、人均收入，还有收入分配的因素。一国收入分配不均是否会导致国内市场质量需求较低，因而阻碍了该国出口产品的质量升级？结合以上问题，本书尝试探讨收入分配状况是否会对一国出口产品质量水平及其福利产生显著影响效应。

　　本书对收入分配对出口产品质量的影响分别进行了理论与实证分析。通过构造理论模型得出：一国收入分配的均衡程度提高，会提高企业对特定产品的质量选择。通过对贸易数据的实证分析得出：收入分配对出口产品质量具有显著影响，收入分配均衡程度提高，出口产品的平均质量水平上升；且这种影响会随着国家的收入水平、产品特性（技术含量高低）而变化。关于收入分配影响出口质量的福利含义，主要通过梳理前人对贸易福利的计算方法，分析其关键假设，通过质量边际的变化，将收入分配引入贸易福利的计算中，证明收入分配会对一国在贸易中的福利所得大小产生影响，且预期收入分配均衡度提高，贸易福利所得上升。

分析框架主要运用了质量异质性企业模型。在基准的异质性企业模型中，同一行业内企业的生产率具有差异，面临固定出口成本时，不同企业根据自身生产率水平做出选择：是否生产、是否出口。质量异质性企业模型在此基础上多了一个选择：如果生产，生产多高质量的产品。质量异质性企业模型与基准异质性企业模型的最大区别是加入了消费者对产品的质量偏好，建立了生产率水平与企业质量选择的一一对应关系，且企业生产率水平越高，质量选择越高。本书令收入分配影响质量偏好，从而影响企业的质量选择。其内在逻辑是，企业面临的不同需求条件，影响了企业的质量选择；当收入分配均衡程度提高时，对低端产品的需求被消除，生产低端产品的低生产率企业失去市场，从而被淘汰，行业总体产品质量和总体生产率水平提高。

在理论意义上，新古典贸易理论中，贸易源于国家间的差异：生产率或要素禀赋的差异令国家间的生产成本存在差异，通过产业间贸易，各国专业化于本国的比较优势产业，降低生产成本。新贸易理论中，贸易源于国家间的相似性：规模报酬递增中，相似的供给与需求令贸易国得以利用对方的市场需求，进行产业内贸易，降低平均成本；市场需求取决于总收入或人均收入水平。新新贸易理论（异质性企业理论）在本质上仍是新贸易理论：垄断竞争、规模报酬递增，但强调同一产业内，企业生产率不同。因而在贸易中，不同企业所受影响不同。本书将需求因素引入异质性企业理论中：企业面临的需求状况不同，质量选择不同，在贸易中所受的影响不同。这里的需求状况主要指收入分配状况。即：本书强调，需求也是一种比较优势，更具体地，收入分配作为国别特征之一，对企业的质量生产选择产生影响，从而影响一国的生产率水平。这是本书的理论意义。另外，在实证层面上，由于质量提升主要依赖固定成本投入，证明了质量选择受到需求条件的影响，相当于从另一个角度验证了规模报酬递增对贸易模式的重要作用，为垄断竞争的市场结构从新角度提供了论据。

本书得到的结论具有较强现实意义。如厂商的最优质量选择随一国加权质量偏好强度的上升而上升，改变消费者收入分配会对各类厂商的生产规模与质量选择产生影响，从而影响一国平均生产率水平。这一机制提供了改变一国生产率水平的新渠道——调整资产收入分配水平本身就可改变一国生产率；这一机制也强化了原异质性企业模型中贸易自由化带来的选择效应——选择效应的作用强度取决于资产收入分配的均衡程度。另外，对方贸易国收入分配的均衡程度会影响本国企业的质量选择，从而影响本国的生产率水平。

本书主要有以下创新：

1. 建立了收入分配对一国产品质量与生产率的影响分析的理论框架

传统异质性企业模型出口定价方面的文献为本书关注目的地市场特征（收入分配）的视角提供了分析框架，但其偏好方面仍沿用了代表性消费者的假设，并未发掘异质性消费者的需求对企业质量选择的作用。另外，收入从需求渠道影响贸易的一系列文献为本书从需求出发的思路提供了理论基础，但又未能与异质性企业结合起来，因而未能从准入门槛（生产率）的角度阐释收入分配对行业生产率的影响。这两个领域的结合，也即将收入分配状况引入需求的偏好强度中，从而使收入分配通过需求渠道影响贸易模式从而影响福利所得，是本书的重要创新之处。

2. 强调了需求对竞争环境的能动作用

本书因异质消费者的设置，可以强调需求对竞争环境的能动作用：对某一水平的质量偏好强，可使生产该质量水平的企业得以存活；需求强度越分散，生产率分布越分散，而集中化的需求强度可淘汰低端生产企业，优化生产率分布。也就是说，不同消费偏好本身对市场形成了"分割"，使得相应的企业得以存活。因此，需求本身可以改变行业生产率的分布情况，实现优胜劣汰，这是需求对竞争环境的能动作用，也是因此，收入分配作为国别特征之一，可以影响该国生产率的进步。

3. 拓展了引力模型的应用

前人对引力模型的应用多是讨论各经济地理因素对贸易量或贸易份额的影响。本书以引力模型为基础，结合前人有关经济地理的研究方法，同时结合相关出口单位价值等问题的研究，推导出了收入分配对出口质量影响的回归方程，从而引入了影响贸易模式的新的实证元素，为收入分配对贸易模式的重要维度——出口质量的影响提供了实证分析框架，这也是本书重要的创新之处。

目　录

第一章 导 论

第一节 研究背景与研究意义

一、问题的提出：理论与现实背景

2007 年全球金融危机以来，外部经济环境始终动荡，中国的出口产品面临的外需持续萎缩；继后出现的欧债危机更令中国最大贸易伙伴的需求锐减。维持出口平稳的同时扩大内需，促进内外贸一体化，成为中国现阶段经济增长的关键。而出口企业在由外销转为内销的过程中，由于以发达国家为目的地的出口市场与国内市场对质量的需求存在落差，令企业对产品的质量生产选择面临两难：国内市场的质量需求过低，令企业一贯面向出口市场生产的产品没有销路；如果转而改换生产线，面对国内市场生产，有限的市场需求又无法弥补转换生产带来的固定成本，没有规模效应①。而对于未进入市场的企业而言，为了控制风险，在国内外都有销路，其投产的产品质量选择往往偏低，不选择质量升级。从需求方面看，

---

① 严卫国：《谁剃光了企业的利润——中小企业转型升级之路》，浙江大学出版社，2012 年版。

质量需求偏低导致国内市场的质量供给不足，而国内未被满足的小部分高质量需求转而由进口弥补，造成我国出口低质产品而进口高质产品的现象，比如国内出现高收入人群的大规模境外消费、代购风潮。该问题的实质是国内外市场的质量需求均衡化问题。国内市场与出口市场的均衡发展在发展经济学的均衡增长理论（Balanced Growth）中早有关注，只是多偏重需求数量的研究，而未细化到需求质量的均衡发展。可见，提高内需的质量需求，是优化我国行业内部生产结构、提高产品质量的重要一环。而又是哪些因素影响了内需市场的质量需求？在本书中，我们重点考察收入分配对内需市场质量需求的作用。

如果将我国收入差距分解为城镇居民内部收入差距、乡村居民内部收入差距、城乡之间差距，则可观察到，我国收入差距过大的问题主要在于城乡之间差距过大。如果将消费者群体简单地划分为城镇和乡村居民两类，城镇居民的人均可支配收入（21810 元/年）是后者（6977 元/年）的 3 倍，而这两类消费者的人口比例却基本相当（城镇人口量 69079 万，乡村人口量 65656 万）①。给定各群体的收入水平，目前刺激消费需求的举措都收效甚微。因此，只有改变人们在财富中的相对位置，即合理地调整收入分配差距，才能根本解决扩大消费的问题。

关于收入分配对经济增长的影响，前人的共识是：一定程度的收入差距有利于促进经济增长，但收入差距过大则会影响内需量的扩大，而阻碍经济增长。如 Murphy，Shleifer & Vishny（1989），强调中产阶级的购买力对一国实现工业化的重要性。由于假设富人的需求为奢侈品，归中产阶级所有的利润才是"高能"利润，才形成工业化产品的市场，对工业化产品的生产才有推动作用。Baland（1989）研究了由收入分配影响的需求结构与失业的关系。文章假设奢侈品与基本消费品竞争同类资源，通过基本品的消费限制就业，从而再分配资源的机制，说明了收入分配差距上升，基本品价格上升，导致其他部门失业上升，从而再度抑制对基本品的需

---

① 何伟文：《稳定出口增长，实现消费、投资、出口均衡发展》，《国际贸易》，2012 年第 2 期。

求。该文试图从需求结构方面解释收入分配与就业的关系，其中消费者的偏好相同，仅禀赋不同，本质上解释的是收入分配对基本品可获得性（即资源配置）的影响。又如 Mitra & Trindade（2005），将产品分为奢侈品和必需品，指出收入分配差距较大的贸易国进口奢侈品，进而得到收入分配均衡化导致奢侈品部门贸易量降低的结论，并证明产业内贸易量将随较均等国收入差距的上升而上升，产业间贸易量将随较不均等国收入差距的下降而下降。

以上文献从需求角度研究收入分配的作用，但这类文献都没能将收入分配作为一国市场的特点与 Melitz 的新新贸易理论联系起来，因而未能细化考察收入分配对企业层面生产决策的影响机制。而考察收入差距在企业质量选择中的作用，正是本书的关注所在。

（一）产品质量的界定

在同质产品的竞争中，价格低廉决定了企业的竞争力更强，价格是衡量产品需求的唯一维度。而随着垄断竞争的扩张，产品的差异性日渐重要，其决定了企业的市场份额与定价能力。其中，垂直差异化（质量）产品特性较水平差异化（种类）更具说服力：高质量产品的盈利性高。尤其在经济萧条时，独具特色的产品才能保有市场份额，凸显优势；低价竞争已不再顺应历史潮流。因而在全球经济退行的当下，质量作为衡量产品需求的第二维度，研究其对贸易影响的重要性不言而喻。

在前人对质量的研究中，对产品"质量"的共识定位是：可以提高消费者效用并增加生产者生产成本的产品特征（Rosen，1974；Bresnahan，1981；Feenstra & Levinsohn，1995）。以汽车为例，其发动机的马力、轮胎的使用寿命、安全气囊的有无，都是衡量汽车这一产品的质量特征。更高的马力、更长的使用年限、装有安全气囊，都可以增加汽车带给使用者的效用，同时也要求生产者投入更高的成本。人们对不同的质量特性有着不同的支付意愿（即保留价格），而生产者根据消费者的支付意愿决定对某一特性生产多高的质量水平。

但在研究操作中，人们常常关注产品种类（Variety），而较少关注产品质量。其原因有二：一是前人多使用 Armington 差异化产品分类法，使得一国的产品加总后，种类的上升与产品质量的变动对价格指数的影响相同（Feenstra，1994）；二是在实证研究中，种类的度量往往较易界定（如某一分类下的产品条目数，两期贸易额之比，等等），而质量的信息则包含在价格中，受其他因素影响过多，不易界定度量指标。然而，产品质量与产品种类毕竟是两个维度，按边际归类，前者应属于集约边际（IM），后者则属于广延边际（EM）；另外，种类的增加可令价格指数下降，而质量提升却令价格指数上升，两者不可混为一谈。

（二）产品质量选择问题

本书所指的产品质量，是异质性企业根据自身生产率条件与贸易成本等进行的内生生产选择。异质性企业根据目的地市场的特征及自身生产率选择最优产品质量的研究，与一系列研究市场特征对企业出口定价影响的文献相关，以 Melitz & Ottaviano（2008）、Baldwin & Harrigan（2011）、Kneller & Yu（2008）为代表。这类文献又可分为两类：一类从加成（Markup）高低的角度研究价格，以 Melitz & Ottaviano、Kneller & Yu 为代表，加成由市场竞争激烈程度决定：竞争激烈的市场加成越低，且对进入市场的生产率要求越高，使得边际成本越低。但 Melitz & Ottaviano 的文章中并未涉及质量问题，企业异质性完全由生产率决定。另一类则从质量加权价格（Quality – adjusted Price）研究企业定价。Baldwin & Harrigan（2011）指出，当质量—价格弹性足够大时，价格高者收入高，质量加权价格随市场规模的上升而下降，与 Melitz & Ottaviano 的结论相同；另外，Kneller & Yu 在 Melitz & Ottaviano 模型的基础上加入质量（但质量假定为外生），并融入了 Baldwin & Harrigan 质量加权价格的想法，指出加成随市场竞争程度上升而下降，但由于质量加权价格随之上升，所以市场特征对价格的总体影响不确定。在 Antoniades（2008）的文章中，质量则由企业内生选择决定，沿用了 Melitz & Ottaviano 的拟线性需求函数，仍有市场准入生产率随市场竞争程度上升而下降，但由于质量因素的存在，使加成上升得更多，所以总体价格可随市场竞争上升而上升。这些研究、解释异质企业出口定价的文献侧重点是通过纳入质量边际来解释价格与目的地市场特征的关系，它们提供了企业根据目的地市场特征调整经营行为的思路，是本书研究目的地市场的收入分配对企业质量选择的影响所应用的主要分析框架。

（三）收入分配的引入

具体而言，在收入分配对需求影响的研究中，Linder 假说——人均收入水平越相近的国家间行业内贸易额越高，为收入分配的作用奠定了基础。后续 Markusen（1986），Hunter（1991），Francois & Kaplan（1996），Dalgin、Trindade & Mitra（2008）逐步将收入分配的作用通过非同位需求（Non-homothetic Preference，也作"非位似需求"）引入贸易理论中。Fajgelbaum，Grossman & Helpman（2009）得到垄断竞争市场均衡的结论，认为收入较高的国家为高质量产品的净出口国、低质产品的净进口国。类似有 Saure（2009）、Simonovska（2010）研究非同位偏好对贸易模式的影响。Hallak（2006）将这一问题进一步推进，但转为通过质量需求偏好来阐述 Linder 假说。文章指出，对高质量产品而言，质量偏好强度越高的国家对其支出份额越高，而质量偏好强度与该国人均收入成正比。实证结果证实，对大多数行业而言，进口额与进出口国间的人均收入差距成反比。Choi，Hummels & Xiang（2009）细致地研究了产品质量与一国收入分配的联系。文章证实，进口国的收入分配分布与该国进口产品的价格分布有着对应关系，某一价格水平的产品进口份额与相应收入水平上的人口份额成正比。

以上研究多从宏观的层面入手，未涉及企业层面的决策，因而其收入分配所指多为收入水平的总体分布状况，本书问题的实质，是需求的集中对低效率企业的淘汰问题，因而本书侧重关注收入分配中的贫困问题；而收入分配的均衡度提高，指相对贫困人口比例的下降，或贫富差距的缩小。

二、理论价值

在以上研究中，产品质量始终是给定的，而关于质量为何随需求情况变动，并未给出内在机制。异质性企业模型的发展令企业内生的生产决策研究成为可能，同时将企业的质量选择与价格选择同企业生产率联系起来，如 Johnson（2011）研究了贸易价格与进口市场准入门槛的关系，证实对大多数行业而言，二者呈正相关，支持质量选择（Quality-sorting）假说。Johnson（2011）指出，出口国特征是解释价格变动的重要变量，而对进出口国国别特征影响因素的进一步发掘，是未来研究的重点。本书将市场的准入门槛的决定因素之一——进出口国收入分配均衡度显化，关注其作用大小，既是收入分配对贸易质量影响的理论应用，又是异质性企业模型 Johnson（2011）基础上的继承与拓展。

前述文献发展至今，为本书从需求出发并着眼于企业质量选择的思路提供了理论基础。然而有两点未尽之处需要指出：① 异质性消费者的缺位。在这些文献中，收入分配这一元素并未引致消费者的异质性，并未充分发掘异质偏好这一重要元素的作用。不论是非同位偏好还是垂直化差异产品，都只能解释较粗划分的产品的消费差异，而不能解释同一类别产品条目下不同种类产品的消费模式。同时，传统的研究垄断竞争市场结构（水平化差异产品）的文章并未从异质消费者的角度解释产品种类需求的问题，而是借助贸易的固定成本来解释为何进口国仅需求现存产品种类中的一小部分。② 异质需求中，异质性企业的缺失。Fajgelbaum，Grossman & Helpman（2009）在文章中设置了异质性消费者，但又未能与异质性企业模型结合，因而并未提及收入分配（目的地市场特征）在决定准入门槛（Productivity Threshold）中的重要作用。即一方面，发展到现阶段的收入分配对需求的影响研究有待加入异质性企业要素，而异质性企业理论又因缺少异质性消费者的设置而忽视了收入分配的作用；另一方面，现阶段的需求多从总需求或较粗划分的行业需求着眼，而缺少质量结构的研究。归纳说来，本书的理论意义主要有以下三个方面：

1. 异质性企业与异质性消费者的结合

一方面，异质性企业模型出口定价方面的文献为本书关注目的地市场特征（收入分配）的视角提供了分析框架，但其偏好方面仍沿用了代表性消费者的假设，并未发掘异质性消费者的需求对企业质量选择的作用。另一方面，收入从需求渠道影响贸易的一系列文献为本书从需求出发的思路提供了理论基础，但又未能与异质性企业结合起来，因而未能从准入门槛（生产率）的角度阐释收入分配对贸易福利的影响。这两个领域的结合，也即：将收入分配状况引入需求的偏好强度中，从而使收入分配通过需求渠道影响贸易额，从而影响福利所得，是本书的理论创新之处。

2. 通过质量边际论证收入分配的重要性

在前人的研究中，收入分配主要通过支出份额影响贸易模式。本书强调了收入分配对支出意愿（质量偏好强度）的影响，即收入分配影响了质量偏好强度，影响质量升级的获利性，从而影响了厂商的质量选择。因而，本书是通过产品质量与需求强度的互动，将收入分配引入贸易模式的决定因素中。这是本书的第二个主要创新。

3. 从质量角度阐述 IRS（规模报酬递增）对贸易模式的影响

在垄断竞争中，生产的固定成本对贸易模式有着深远的影响。新贸易理论中的很多重要结论都是基于 IRS 的前提，如本国市场效应（Home Market Effect）。质量生产恰好符合 IRS 的经济规律：前期固定成本投入高，随之产量扩大，平均成本降低，因而需大规模的需求弥补固定成本，质量升级才可能实现。本书正是基于质量生产的这个特点，论证了集中消费需求的重要性，从质量的视角，对 IRS 在贸易理论中的作用进行了拓展与延伸。

三、现实意义

我国的收入分配状况多年来一直不容乐观，贫富差距悬殊，底层贫困人口比例高，收入分配状况不仅落后于发达国家，甚至也劣于收入水平相近的发展中国家。作为重要的国别特征之一，收入分配这一问题阻碍了我国经济的可持续性增长。一方面，中国的贫富差距不仅表现在收入方面，也表现在社会资源方面，户籍制度、养老保险、医疗、教育等问题令消费者的消费能力受到严重制约；高房价又抑制了原本收入水平居中的消费人群的消费支出。这些因素都阻碍了内需的增长。在现今外部经济环境动荡的情况下，实现我国的产业结构升级，主要靠内需拉动，因此，调节收入分配是进一步促进经济发展的必经之路。另一方面，我国出口产品多年来依靠价格竞争，虽然出口量大，但出口价格多处于国际低端水平，依赖丰富的资源和人力降低产品成本。随着世界科技水平和人们收入水平的提高，国际产品竞争日趋向追求高品质的方向发展，这使得我国出口竞争力面临挑战。而我国日益升高的人力成本也令企业不得不寻求新的竞争优势。因此，收入分配作为国家竞争力的要素之一，是否对一国出口产品品质产生影响，对于收入分配极为不均、处于经济转型期的中国具有重要的研究价值。本书与现实联系最紧密的有如下两个方面：

1. 中等收入陷阱与出口质量

中国经济陷入中等收入陷阱的可能性是近两年来经济学界的热点话题。中等收入陷阱的问题由 Gill & Kharas（2008）分析完善，具体指一国的人均收入达到中等水平以后，经济发展方式的转变受困，最终出现经济增长停滞的状态。在世界上，很多拉美国家和东南亚国家都存在中等收入陷阱的问题，如阿根廷、巴西、智利、墨西哥、南非、马来西亚等。这些国家的突出特征之一是，收入分配的公平程度较低，忽视了增长与公平的关系；另一个突出特征是对外部经济的依赖程度过高，没有充分培育国内市场，没有及时培育出新的竞争优势。

而对于中国而言，这两个问题同样存在。收入分配差距过大，导致国内市场内需不足，而内需不振的同时存在巨额的海外奢侈品消费，这说明收入差距过大，不利于经济增长。拉动内需，不仅仅要提高总收入、人均收入，还应关注收入分配的均衡程度。另外，中国多年来的出口优势依赖廉价的人力成本，以资源和环境为代价，出口商品处于低端市场；而随着人均收入水平上升，近年来国内劳动力成本上涨，令中国出口的低成本优势削弱，而在技术创新上又无法与技术先进的发达国家匹敌，因而中国并未从资源驱动的增长方式转变为生产率驱动的增长方式。而有关中等收入陷阱的研究表明，低端制造业的转型失败，是中等收入陷阱出现的主要原因。Donghyun Park et al.（2013）的研究指出，高技术产品占出口比重较高的国家，发生中等收入陷阱的可能性较小。因此，为避免出现中等收入陷阱，一国应提高人力资本素质，鼓励创新，以提高出口产品的技术含量。

由此可见，提高对出口产品质量这一问题的探索，已不仅仅是提高出口竞争力的需求，更关乎我国经济的长期发展路径。而实现产品质量升级，集中的购买力、长足的本国市场需求，是其必要条件，这也关乎现阶段经济发展的另一个重要问题——内外需市场一体化。

2. 内外贸市场一体化与收入分配

国内市场是国际市场的基础，决定着出口产品的竞争力，分担并承载着国际市场的风险。近年国际经济环境的动荡令我国面临的外需环境极为脆弱，产业的转型升级更要靠内需拉动。内外需市场的协调发展是现阶段维持增长的重要方面。而我国长期以来存在内外需市场分割较为严重的问题，外销企业的产品很少内销。部分原因是内外需市场的需求结构不均衡，国外市场的需求是高质量产品，国内市场的需求与其相比，存在较大落差。国内市场狭小令创新投入的前期高额成本不易收回，这不利于产品的质量升级，也造成了外销企业转型的困局。因此，提高内需市场的质量需求，降低企业创新投入的风险，是帮助企业实现转型升级的重要方面。而对产品的技术偏好、集中的购买力，需要中产阶级的力量。贫富分化则导致内需不振。因此，收入分配的均衡化，是提振内需、实现内外需市场一体化的重要方面。

综上所述，本书所探讨的出口产品质量、收入分配均衡化问题，是现阶段中国经济发展中的重要议题，二者之间具有紧密联系；它们不仅仅关乎贸易的健康发展，也关乎我国经济未来发展的长期走向，与现实经济环境息息相关。

第二节　研究内容与研究方法

一、研究内容

本书研究的主要内容是：一国的收入分配状况如何影响该国的出口产品质量选择及其相应的福利效应。具体而言，收入分配通过对需求偏好强度起作用而影响了企业对出口产品质量的选择，而由于质量边际的变动会对贸易福利所得（包括生产率进步与支出下降）产生影响，收入分配也会对一国在贸易中的福利所得产生影响。本书着重阐明以下几个问题：收入分配怎样影响企业对产品质量的生产选择？内在机制是什么？贸易数据是否支持收入分配对质量选择存在影响？收入分配是怎样对贸易福利的计算产生影响的？本书具体分以下步骤展开：结合前人对收入分配与消费模式的理论研究，来论证模型假设的合理性；然后介绍模型，解出企业最优质量选择的表达式；以均衡结果的表达式为理论依据，验证模型结论（企业对收入分配均衡国出口较高质量的产品）。讨论、估计替代弹性的实证设置，分析收入分配效应的影响，与前人假设质量不变时的结论作比较分析；对收入分配的角色及影响作出分析和总结，分析政策含义。其中实证检验部分拟进行两个内容：一是数据描述：探讨收入分配均衡度的指标测度方法，并对样本国各个测度指标的水平进行分析，给出初步描述；探讨产品质量的测度方法，并对不同产品的质量变化程度进行分析，主要通过描述性的数据分析进行。二是回归分析：旨在验证模型结果的结论：企业选择对收入分配较均衡的目的地市场（国家）出口高质量产品。设计为：用质量（单位价格）做因变量，用出口国的收入分配均衡度量指标及其他控制变量做自变量，检验某一出口国对各目的地市场出口质量与其收入分配状况的关系。

本书的论证过程分为六个部分：第一章导论，介绍本书问题提出的背景，引出本书的研究意义，而后简要介绍研究思路与所用方法，并归纳创新之处。

第二章文献综述，对本书研究所依据的核心原理的相关文献进行梳理，为本书的理论假设与实证预期做好理论铺垫。异质企业模型与质量异质性企业模型的论述部分详细介绍了异质性企业模型的假设、作用机制及核心结论，并进行归纳、比较。由于本书的核心模型使用了异质性企业模型的逻辑框架，是异质性企业模型的进一步延伸，因此这部分的介绍是理论研究深入的基础。

第三章建立理论模型，将收入分配通过质量偏好引入最优质量选择的表达式中，给出收入分配对质量选择的影响机制，总结主要命题，为实证研究做好铺垫。

第四章进行实证检验，首先介绍实证研究中核心变量的测度方法，并对各指标的水平进行描述分析，使读者对统计量代表的意义与变化水平有更深入的理解。其次通过对相关研究的梳理，建立本书的模型框架，提出本书的实证方程，并进行稳定性检验、样本变化等回归分析，就收入分配对出口质量的影响给出实证研究的结论。

第五章以介绍新贸易理论中贸易福利的计算方法为基础，放宽产品质量不变的假设，对收入分配影响出口质量的福利含义进行分析，给出收入分配的作用方式。本章主要通过类比分析说明收入分配如何通过质量边际影响一国在贸易中的福利所得。

第六章总结全书的主要结论，并指出本书研究的局限与未尽之处，提出对未来研究的展望。同时结合现阶段中国经济的发展情况，说明出口产品质量提升与收入分配调整的现实意义，并分析结论的相关政策含义。

二、主要研究方法

总的说来，本书最核心的研究方法来自异质性企业模型和引力模型。本书令企业出口质量选择取决于出口目的地市场特征的思路来源于研究企业异质性模型的一系列文献。就像企业会根据目的地市场的特点（距离、市场规模、竞争程度等）调整出口量、产品种类、出口价格等一样，企业也将根据目的地市场的特点选择出口产品的最优质量。因此，本书的效用函数选用了由 Melitz & Ottaviano（2005）创建，并由 Antoniades（2008）发展的拟线性效用函数。在质量选择的研究上，遵循质量异质性企业模型的框架。实证检验旨在验证质量选择与收入分配有关；以引力模型为基准，通过放宽"对称企业"（Symmetric Firms）的假设，将收入分配加入解释变量中。

本书的理论分析部分使用拟线性效用函数，将收入分配均衡程度引入企业对内生质量选择的决定中，得出收入分配均衡程度越高（贫困人口下降或贫富差距降低），企业的质量选择越高的结论。实证部分借鉴了面板数据方法，控制了一部分难以量度的变量，并借助异质性企业理论，用出口国的出口平均价格近似替代该出口国企业的平均生产率，得以用较粗分类的产品数据检验企业层面的理论预测。结论证实，一国的收入分配状况会对该国的质量（相对）选择产生显著影响，但该影响受不同产品性质的影响，并随国家收入水平而变化。本书继而运用当下较前沿的 Translog 支出函数分析了贸易福利的度量，并结合收入分配的分析，将收入分配因素通过质量偏好——引入前人的贸易福利分析中，并给出了收入分配的作用预期。预计收入分配均衡程度的提高将提高一国在贸易中的福利所得，即支出指数降低，生产率提高。

第三节 创新之处

本书的目的是通过构造理论模型，考察收入分配对质量需求的影响，论证收入分配差距过大不利于提升企业对产品的质量选择，进而考察收入分配对一国生产率进步的长期影响。主要有以下创新：

一、新的理论框架

（一）异质性企业模型的拓展

如前所述，本书最重要的创新是将异质性企业模型与异质消费者结合，是对异质性企业模型的拓展。在异质性企业理论之前，没有建立企业生产率与其生产决策间的联系，因而前人研究收入分配对贸易的影响并未影响到企业的生产率。而异质性企业模型在偏好方面仍沿用代表性消费者的假设，并未发掘异质性消费者的需求对企业质量选择的作用。本书通过异质性消费者与异质性企业的结合，将收入分配状况引入需求的偏好强度中，令收入分配对厂商生产选择产生影响，从而进一步影响了行业生产率。

异质性企业模型令企业可根据其自身生产率高低进行生产选择，其后进一步拓展，质量异质性企业模型则强调了质量需求的重要性，从而令诸多影响需求的变量可影响企业的生产选择而进一步起到影响行业生产率的作用。Antoniades（2008）在 Melitz & Ottaviano（2008）的基础上令企业的质量选择内生化，该拟线性效用函数的运用令需求因素可影响成本加成，但由于沿用了代表性消费者的假设，因而需求并未对企业的生产决策产生作用。本书正是通过对这一模型的拓展，即进一步将上述的质量偏好强度与该拟线性效用函数结合，将收入分配这一要素引入了企业质量选择的决策中，从而将需求方面的要素引入生产决策中来。

认识到收入分配的影响后，本书可得到很多具有现实意义的结论。如厂商的最优质量选择随一国加权质量偏好强度的上升而上升，因此，改变消费者收入分配会对各类厂商的生产规模与质量选择产生影响，从而影响一国平均生产率水平。这一机制提供了改变一国生产率水平的新渠道——调整资产收入分配水平本身就可改变一国生产率；这一机制也强化了原异质性企业模型中贸易自由化带来的选择效应——选择效应的作用强度取决于资产收入分配均衡程度。另外，对方贸易国的收入分配均衡程度会影响本国企业的质量选择，从而影响本国生产率水平（也即对出口目的地的选择会影响本国生产率水平）。这一结论与 Melitz & Ottaviano（2008）、Antoniades（2008）、Verhoogen（2008）相似，但前两者强调目的地市场规模，后者强调目的地市场的收入水平，本书则强调目的地市场收入分配的均衡程度。

（二）质量偏好强度的发掘

与前人关注需求量不同，本书的关注点从内需的数量延伸到了内需的质量，在更为微观的层面上，将资产收入分配与质量偏好强度联系起来。

Murphy，Shleifer & R. Vishny（1989）指出，与富有人群相比，中产阶级的需求对工业化的推动更为有力，因此，为保证财富具有更高的利用效率，一国应维持较为均衡的收入分配水平。Matsuyama（2002）也指出一国的工业化需要一定规模的中产阶级。而 Parks & Barten（1973）、Perloff & Salop（1985）则在微观层面上强调了人口结构及偏好强度对均衡价格的影响。

本书结合了这两方面的论证，将宏观层面关于收入分配对经济发展影响的理念，通过需求的偏好强度这一元素延伸到微观层面，令收入分配通过质量支付意愿影响企业的生产决策。理论模型将消费者分为两类（Poor 与 Rich，分别对应乡村居民与城镇居民）。两类消费者对质量的偏好强度不同，而我们假设这种差异源自资产收入水平不同：P 类消费者对质量的偏好强度随其收入水平上升而上升的速率为常数；R 类消费者对质量的偏好强度随其收入水平上升而上升的速率却不是常数，而是随收入水平的升高而增速减缓。收入分配的变化影响了一国加权偏好强度的大小，影响不同质量产品的获利性，从而影响企业对质量生产的选择。这一假设有着坚实的理论与现实依据。在对消费者行为的研究中（杨金强，2011），如将收入划分为工资收入（劳动性收入）与财富（资产性收入），有边际消费倾向与财富水平非单调的关系：当财富水平较低时，总收入上升，消费增量较大；当财富水平较高时，总收入上升，消费增量较小。边际消费倾向随财富上升先增后减；且对风险厌恶程度较高的消费者而言，预期消费增长率与财富收入水平成反比。而在庞晓林等 2011 年的课题报告中指出，2008 年开始，中国农村居民的平均消费倾向开始超过城镇居民，城镇居民（富有消费者）的平均消费倾向恰恰呈现了先增后减的趋势。并且高收入农户的消费开始向质量型、享受型转变，代表着富裕起来的农民的消费趋向。本书希望通过模型阐述收入分配与产品质量选择的内在联系：集中化的需求偏好强度起到加剧市场竞争程度的作用，而偏好强度又由资产收入分配的均衡程度决定——较均衡的分配程度会增大质量的偏好强度。本书的模型分析也指出，在均衡收入分配的过程中，提高低端消费者收入水平的效果优于降低低端消费者比例。

二、新视角

在当前的现实经济中，消费者的需求与品位主导了市场的走向，因而需求对生产与效率的影响不容忽视。而需求对市场的作用又有不同，前人的研究多从产品间的可替代性入手。本书为需求对竞争环境的作用提供了新视角。在本书中，需求因素对企业生产率产生的影响方式是异质性企业模型之前的理论所忽视的。Syverson（2004）是新新贸易理论中难得一见的从需求角度解释生产率分布规律的文章。但该理论强调的是需求的

"密度"（Density），即产品间的可替代性（Substitutability）：贸易成本等因素形成了替代的障碍，使得低效率企业也得以存活；而替代性强、需求密度大的市场引致更激烈的竞争，可以淘汰低效企业，优化生产率分布。可见，需求方面的同质性的假设，使得需求的影响是从产品的替代弹性着手，强调竞争的"激烈"程度：竞争越"激烈"，获利性（成本加成）越小。这种设置使得竞争导致生产成本低者优势大。本书则因异质消费者的设置，可以强调需求的"强度"（Intensity）：对某一水平的质量偏好强，可使生产该质量水平的企业得以存活；需求强度越分散，生产率分布越分散，而集中化的需求强度可淘汰低端生产企业，优化生产率分布。也就是说，不同消费偏好本身对市场形成了"分割"，使得相应的企业得以存活，强调竞争中的"获利性"：竞争激化意味着偏好强度越集中、获利性越强、成本加成越大。这种设置使得竞争导致生产成本高者（质量选择高）优势大。这是与前人模型不同逻辑的"竞争"，并且更符合现实。[①] Lu（2010）在异质性消费者对贸易种类的影响中，由于设置富有消费者的消费集包含贫困消费者的消费集，使得贸易种类仅由富有消费者的禀赋决定，贫困消费者并未起到作用。在我们的模型中，线性效用函数使两类消费者的消费集互不包含，所以贫困消费者的偏好起到了作用。

三、新的实证元素

本书的实证部分以经典的引力模型为基础。传统引力模型的被解释变量是贸易流量或贸易份额，解释变量是经济总量 GDP 和贸易国距离。本书需要验证的则是单位价值所表征的出口质量（被解释变量）与收入分配（解释变量）之间的联系。因此，新的被解释变量一方面需要经济地理方面的理论[②]支持，另一方面需要同时结合前人关于出口单位价值方面的研究经验，将其中可能存在的问题纳入引力模型的框架统一解决。

---

① 现实中，有竞争力的企业并非靠低价，而是靠高质量，高获利能力，如 iPad。
② 地理距离如何影响工资、收入差距等，以验证规模报酬递增在贸易中的重要性。

　　同时，新的解释变量"收入分配"这一新元素的引入，需要拓展引力模型的假设。由于传统的引力模型假设需求函数为 CES（常替代弹性），因此各企业定价相同。而引力模型的拓展过程正是在将诸多假设①——放宽的过程中，逐步引入新的解释变量，使引力模型对现实更具解释力。本书由理论模型中拟线性效用函数与异质性企业的引入，决定了企业定价的差异性，因此相应的实证方程引入了收入分配这一新的解释变量，是对引力模型的新拓展。

　　总的说来，本书以引力模型为基准，结合了经济地理和出口价格方面的研究，运用面板回归方法和经济地理研究的相关方法，构建了新的实证回归方程，从而为收入分配对出口质量的影响提供了实证分析框架，这是本书的另一主要创新。

---

　　①　引力模型的关键假设详见第四章"引力模型的假设"部分。

第二章 收入分配与质量生产研究概述

收入分配通过对需求的影响，影响企业的质量选择，而企业的质量选择会进一步影响企业生产率；质量边际的变化也会同时影响一国在贸易中的消费支出。而生产率进步与消费支出下降正是一国贸易福利所得。因此，收入分配对出口质量的影响是本书论述的重点，同时也会讨论收入分配影响出口质量的福利含义。本书理论中几个要素的关系见图 2-1。

收入分配⇒消费行为（需求偏好）⇒企业质量选择

图 2-1 理论要素关系

其中，收入分配通过企业的质量选择影响了一国出口质量，质量选择又进一步影响着福利效应，因此企业的质量选择原理是本书的核心。企业进行生产决策的原理来自异质性企业模型以及其后发展出的质量异质性企业模型。其中，异质性企业模型是本书模型所依据的主要理论框架，以企业自我选择机制为主线进行评述；质量异质性企业模型是本书的核心要素，以相关文献所论述的质量影响因素为线索进行梳理。这些内容既是本书核心模型的重要支点，也是相关模型假设与理论预期的理论来源。另外，通过梳理，我们也从中进一步明确了本书对前人研究的继承与发展之处，分析了本书模型的贡献。

以下各节文献从理论或从实证方面对本书的选题和构思具有很大的启发或支持，本书承自收入分配可影响生产与贸易的思想，通过异质性企业模型，探讨收入分配对质量选择的微观影响机制。具体而言，通过收入分配对需求偏好的影响，将异质性（收入异质）消费者的需求结构引入异质性企业模型中，讨论收入分配对质量选择的影响，继而对企业生产率与消费支出等贸易福利的影响。这些文献分别从异质性企业的生产选择、质量选择的影响因素等方面为本书提供了研究依据。同时，本书也是结合这些文献的不同视角和机制，对收入分配的重要性的发掘和拓展的一个尝试。

第一节　新古典贸易理论关于收入分配与质量生产的论述

一、收入分配对贸易结构的影响

这类文献可追溯至 Linder（1961）提出需求相似的贸易国之间产业内贸易额更大。其依赖的假设是，收入水平相似的国家需求相似。该假说经 Markusen（1986）、Hunter（1991）等实证检验逐步得以证实、规范，并建立了非同位需求偏好（Non-homothetic Preference）的实证基础，且将这一偏好形式作为研究需求影响的主要方法。在非同位偏好中，个体消费者收入不同，对必需品和工业品（Manufactured Goods，有时也假设成 Luxury）的消费支出比例不同，因而总需求的组成不仅与收入水平有关，还与收入分配有关。Francois & Kaplan（1996）首次将收入分配作为贸易的影响因素引入实证模型中，其后研究收入分配对贸易模式影响的理论文献逐渐发展起来，代表文献有 Mitra & Trindade（2005）、Fajgelbaum、Grossman & Helpman（2009）等。这些文献假设贸易国双方生产完全相同，贸易模式完全由需求决定，总需求大于本国供给的产品成为本国进口品。Mitra & Trindade（2005）考察产业层面的贸易模式，得出收入分配差距较大国进口奢侈品的结论。Fajgelbaum, Grossman & Helpman（2009）侧重同一产业内部的贸易结构，得到收入分布不均衡国成为高质量产品的出口国；但由于其假设需求是离散选择（Discrete Choice），差异化产品的质量与数量间无替代关系，令其结论的适用范围受到局限。Lu（2010）通过设置异质性消费者，研究收入分配对贸易种类的影响，但由于设置富有消费者的消费集包含贫困消费者的消费集，因而贸易种类仅由富有消费者的禀赋决定，贫困消费者并未起到作用。

二、收入分配对出口质量的影响

Flam & Helpman（1987）的文章是较早研究收入分配对最优质量选择影响的文献之一，从需求角度将收入差异引入产品质量链长短的决定中。该文试图解释产品的质量生命周期，即收入分配的变化对一国产品质量生产线长度的影响及由此带来的产业内贸易总量的变化。文章指出，国际贸易的结构取决于一国收入及收入分配。该理论假设消费者仅消费一单位差异化产品，且为垂直化差异，通过临界收入将质量上下限与收入分配联系起来，供给方面假设比较优势，北方生产较高质量产品，南方生产较低质量产品，且有交集，得到：在临界收入上下，南方收入分配的均等化将使南方质量生产线的上下限同时缩短，而使北方的低端质量生产线延长，并降低产业内贸易量。该文将消费者收入与质量选择联系起来，肯定了需求方对质量生产线长短的影响，为后续文献提供了探索依据。但该研究的假设过于严格，且收入分配方面仅考虑了在"效用无差异收入"（Dividing Income）上下变动对质量链长短的影响，而认为在其他收入水平上的收入再分配对质量链和贸易条件等变量无影响。

Acharyya & Jones（2001）的研究则试图从供给方面解释收入分配对企业出口质量选择的影响，考虑多要素（Skilled, Unskilled, Capital）、多部门（贸易部门和非贸易部门），而在 Flam & Helpman（1987）中要素仅为单一劳动力。由于要素稀缺，两个部门对要素的竞争使得非贸易部门的需求也将通过其对要素价格的影响，影响到贸易部门对出口产品质量的选择。该文假设质量提升引致的成本上升快于产品价格的上升，得出资本回报较高的一国出口质量较低的结论；而收入分配的调整会影响一国资本回报率，所以结论是非技能劳动力的工资率上升（资本回报下降），出口质量上升，即利于非技能劳动力的收入再分配，将提高一国的出口质量；反之，提高出口质量的政策会使收入分配不利于非技能劳动力。但该文章的假设仍然较强，且结论受市场刚性假设的影响较大。

Yan Ma & Fumio Dei（2009）研究关税对收入分配影响的文章沿用了 Acharyya & Jones（2001）将经济体划分为两部门并区分技能和非技能劳动力的思路，将质量差异的产品（汽车）市场分为非贸易市场和进口市场，非技能劳动力消费国产汽车（中间品依靠进口），技能劳动力消费进口汽车，在需求方面又借鉴了 Flam & Helpman（1987）的特有偏好，这种设置使收入内生化，即消费行为影响到收入，而 Flam & Helpman（1987）中，收入差距是外生的。该文区分了国产和进口汽车各自的成本构成，从需求方面解释了质量选择与工资差距的联系，由此引入关税对收入分配的影响。均衡状态时，非技能劳动力对质量需求的提高将扩大收入差距，从而得出最终产品关税降低将缩小工资差距、扩大福利差距的结论。

无论是从需求角度还是供给角度的研究，以上文献在需求方面的设置都是选择一单位垂直差异化产品，且假设消费者的偏好相同，即使是从需求方面解释最优质量选择的文献，也是从预算线（Yan Ma & Fumio Dei，2009）或同一非同位偏好（Non-homothetic Preference）出发，并未充分发掘异质偏好这一重要元素的作用。而不论是非同位偏好还是垂直化差异产品，都只能解释较粗划分的产品的消费差异，而不能解释同一类别产品条目下不同种类产品的消费模式，这要借助水平化差异产品的引入来研究。但传统的研究垄断竞争市场结构（水平化差异产品）的文章并未从异质消费者的角度解释产品种类需求的问题，而是借助贸易的固定成本来解释为何进口国仅需求现存产品种类中的一小部分，这样得出的结论必然认为所消费产品种类的下降会带来福利的损失；但如果从收入异质性消费者的角度来解释产品种类的需求问题就会明白，消费哪些种类的产品可能仅仅反映了不同国家收入分配的特点，未必存在福利水平的变动（Xiang et al.，2009）。

Fajgelbaum，Grossman & Helpman（2009）的文章在垂直化差异产品模型中同时引入了水平化差异的元素，并充分关注到异质消费者的重要性，偏好并非固定不变，而是存在随机因素，且质量差异化产品的边际效用随收入上升而上升；供给方面则简化为单一生产要素，企业对同一质量水平上的产品收取同一固定的价格加成。由此得到的垄断竞争市场均衡的结论认为，收入较高的国家为高质量产品的净出口国、低质产品的净进口国，解释了实证研究中普遍得出的高收入国出口产品单价较高的现象。同时，贸易自由化对不同收入人群影响不同，福利的变动不仅由该质量产品的种类变动决定，还取决于该群体购买此种类的概率，而这个概率受收入水平的影响：关税下降有利于富国的穷人和穷国的富人。该文中不同收入（异质性）消费者对质量差异产品评价不同的偏好为本书假设的合理性提供了理论支持。但该文的重心在于一国收入高低与其出口产品质量的关系，而本书更强调收入分配（及质量升级成本）等因素对企业准入门槛（Productivity Threshold）的影响以及由此带来的对福利影响的新增质量边际。Johnson（2011）的文章通过验证准入门槛与出口价格的关系得到高生产率企业选择生产高质量产品的结论，并指出准入门槛对企业出口与否的决定影响很大，却并未在多大程度上影响出口价格的变化；而本书通过加入收入分配这一目的市场特征边际，使准入门槛随目的市场而变化，使得准入门槛对出口价格（继而福利）的影响有所增加。Johnson（2011）的研究为本书选取准入门槛为研究侧重点提供了依据。

三、质量对收入分配的影响

研究质量升级对收入分配（要素价格）的影响的文献可追溯到 20 世

纪 80 年代。Chiang & Masson（1989）的文章指出，由于各企业的质量选择对本国其他企业具有外部性，出口国通过产业整合（降低小企业数量）提高出口产品质量，将提高该国工资率，从而提升该国的福利水平。类似的文章有 Shleifer & Vishny（1988），强调总需求的外部性，认为总收入上升带来的需求上升大于收入的上升量，因此企业的投资从社会福利角度而言是偏低的。Findlay & Kierzkowski（1983）则将要素区分为技能劳动力和非技能劳动力，证明了产品的相对价格决定了劳动力的质量水平。换言之，技术密集产品的价格上升，技术工人的工资率上升，使劳动力获取教育的动机增强，将提高该国高质量劳动力的供给，从而享有更高水平的人均收入。Brecher & Bhagwati（1981）区分了要素投入中的国有和外国投入，指出当国有要素的资本—劳动力比和总量要素的资本—劳动力比相差很大时，产品相对价格的变动可能导致本国的收入分配恶化，即使此时总体福利上升，本国福利也可能是下降的。该文说明，当解释一国福利变动时，仅以要素回报衡量是不全面的，因为一国要素的构成不仅包含国有要素，还包含大量外国的要素投入。在该文中，假设消费者偏好是相同的，仅要素禀赋不同，而 Melvin 在 1984 年的文章中运用了相同禀赋、不同偏好作为研究出发点，得出很多不同于传统理论的结论，如关税对贸易总量与净贸易量（继而福利）的差别影响、贸易将给对净出口产品有过剩需求的消费者带来损失、地域间不同的偏好差异使得关税将带来地域之间的不均等的分配差异，等等。

以上文章从不同角度说明了产品质量对不同要素部门收入分配（或要素供给）的影响，而本书关注的机制正相反：收入分配差距对产品质量选择的影响，因而本书并未将收入分配内生化，而是作为一个外生的市场特征加入模型。

近来在 Melitz（2003）提出的异质性企业模型的基础上，研究贸易对收入分配影响的文献又有了新发展，如生产率高的企业支付更高的工资（Egger & Kreichemeier，2009），从而贸易使收入差距上升；贸易对就业的影响、劳动力市场的摩擦等因素（Davis & Harrigan，2007），都使得异质性企业模型与之前的文献相比，能够解释贸易对处于相同产业中的同质劳动力的收入差距的影响。但仍然较少探究的是消费方面的重要性，收入异质的消费者消费不同质量的产品，从而影响福利变动（仅有 Fajgelbaum，Grossman & Helpman，2009），这正是本书的主旨。然而，质量选择及生产率的变动引致的劳动力特征及报酬的变动将是本书后续研究的主要方向。

第二节 异质性企业模型关于企业生产选择的论述

在新古典贸易理论中，假设不存在贸易成本，且不考虑产业内贸易。贸易结果使两国因生产专业化而实现了资源的有效配置。由于贸易模式是产业间贸易，因而资源的再配置是资源跨产业的再配置。

在新贸易理论中，贸易源于规模经济，但仍保留了自由贸易的假设（不存在贸易成本），且不考虑产业内企业的差异。贸易国在同一产业内的不同产品种类上实现专业化生产，降低了平均成本。这种产业内贸易模式实现的生产率进步是由于产业内资源的整合。而由于假设了企业相同（Symmetric），贸易带来的生产率进步对各企业是相同的，因而整个产业层面与单个企业层面的生产率的提高是成比例（Proportional）的。此时哪些企业退出、哪些企业存活是随机的，存活下来的企业的规模上升也相同。

但基于企业层面的数据证明，同一产业内的企业业绩存在明显差异，这些差异使得同一产业内的企业作出不同的出口决策，并且在贸易中受到不同程度的影响。为解释这些新现象，出现了"新新贸易理论"。其特征为：企业的边际成本存在差异，并纳入了贸易成本（或固定或可变成本）。在新新贸易理论中，企业的贸易决定基于企业生产率差异与固定出口成本的相互作用而产生。这种贸易模式带来的资源再配置使同一产业内不同生产率的企业在贸易中所受影响不同：生产率高者易存活、规模扩大得多，生产率低者缩小规模，甚至退出。即：产业层面与单个企业层面的生产率的提高不再成比例，贸易对不同企业影响不同——即选择效应（Selection Effect）。这种选择效应为整个产业的生产率带来进一步的提高，使得生产率增长比传统模型多了额外来源。这一系列异质企业模型（Heterogeneous Firm Model，HFM）的核心假设有两点：一是企业的生产率服从随机分布，企业在支付固定研发成本后才获知该生产率高低；二是在固定研发成本之外，企业还需支付一层市场准入成本（Market Entry Cost），且假定出口成本（国外市场准入成本）高于国内市场准入成本。生产率越高者边际成本越低，价格越低，收入越高，在竞争中越有优势。

代表性的异质性企业模型有 Melitz（2003）、Bernard et al.（2003）、Melitz & Ottaviano（2005）、Yeaple（2005）、Arkolakis（2010）、Bernard et al.（2006）、Mayer et al.（2011）等。在这些异质性企业模型近十年的发展过程中，企业异质性的来源从外生的边际成本差异拓展到内生的生产进步，自我选择机制从劳动力市场竞争转移到产品市场竞争，而有关边际成本差异来源的研究又出现了进一步细化的趋势。其选择机制与资源配置结果可参见表2-1。

表2-1　主要模型选择机制与资源配置结果分类

	产业层面资源配置	企业层面资源配置
劳动力市场竞争	Melitz（2003）；Bernard et al.（2004）；Falvey & Yu（2005）	Bernard et al.（2006）
产品市场竞争	Melitz & Ottaviano（2008）；Bernard et al.（2000）	Mayer et al.（2011）；Yeaple（2005）

在贸易自由化对生产率进步的作用方面，这些模型区别于传统模型的最大特点是强调了选择效应：贸易对同一产业内的不同企业影响不同；对同一企业内的不同产品影响不同。这使得生产率增长比传统模型多了额外

来源。按照企业生产率是否固定不变，可将这些模型划分为两类：生产率外生的异质企业模型和生产率内生的异质企业模型——前者强调贸易自由化通过企业的进入、退出、扩张等形式实现企业间资源的再配置，从而提高行业生产率（贸易自由化前后生产率不变）；后者强调贸易自由化同时影响着企业内资源的优化与组织，改变企业生产率，从而进一步影响行业总体生产率。而前者又可根据选择的机制进一步分为产品市场竞争与劳动力市场竞争模型；后者根据生产率内生的来源，可分为多产品企业模型与技术投入模型。本节将以选择机制和生产率进步的原理为主线，回顾各类模型对生产率进步的解释，将模型的经济逻辑与结论加以整理对照，从而为进一步的研究理清思路。

一、自我选择的基本原理——自由进入条件与零利润条件

各种异质性企业模型对于企业异质性来源（外生或内生）和贸易成本（固定或可变）的设定灵活多变，但在企业自我选择的原理上却始终围绕着两个核心条件：自由进入条件（FE）与零利润条件（ZPC）。这两个条件决定了各个生产率门槛，从而决定着企业生产或出口的选择。

（一）　自由进入条件

多见于设置固定进入成本 f_E 的模型：企业生产率 φ 外生，只有付出沉没成本 f_E 后才能从分布 $G(\varphi)$ 中随机抽取。FE 要求企业进入行业，须事前有：

$$期望利润 = 沉没成本（f_E） \tag{2.1}$$

而期望利润又由两个因素决定：一是进入该行业后企业的存活概率；二是存活下来的企业的平均利润。而存活概率由生产率分布函数 $G(\varphi)$ 和生产率门槛 φ^* 控制，所以任何影响平均利润和沉没成本的因素都会通过（2.1）式影响生产率门槛 φ^*，从而对不同生产率企业的生产决定产生影响。这是自由进入条件的经济含义。

（二） 零利润条件

这是经济学原理中的经典条件，在以 FE 决定生产率门槛的模型中同样起到重要作用；而对于未设置沉没成本的模型，则靠零利润条件（ZPC）决定生产率门槛。ZPC 要求行业中的所有企业经济利润为零。也即：

$$生产（出口）收入＝固定生产（出口）成本 \qquad (2.2)$$

对于未设置固定生产（出口）成本的模型，则是：

$$（相对）价格＝（相对）边际成本 \qquad (2.3)$$

由于价格和收入都由生产率 φ 决定，（2.2）式与（2.3）式控制了生产（或出口）所须达到的生产率门槛 φ^*；而任何改变（相对）价格和收入的因素都会通过（2.3）式和（2.2）式改变生产率门槛 φ^*。这是零利润条件下的经济含义。

（三） 两者的区别与联系

1. 经济利润

在由 FE 决定生产率门槛的模型中，仍存在零利润条件 ZPC，但此时的 ZPC 仅适用于边际企业（Marginal Firm），除该企业（生产率为 φ^*）利润为零外，行业内生产率高于 φ^* 的企业皆可获得正经济利润（考虑沉没成本在内）。而由 ZPC 决定生产率门槛的模型则要求所有企业的利润都为零，正经济利润是不存在的。

实际上，FE 条件中，获得正经济利润的企业与获得低生产率企业的平均（期望）利润为零（考虑沉没成本在内）。从这个角度看，FE 条件本身也属于零利润条件，只不过是在行业进入层面的零利润条件，而 ZPC 是在生产层面的零利润条件。

2. 固定成本

设置固定进入成本 f_E 的 FE 模型，一般也会设置固定生产（和出口）成本 f_D（和 f_X）。FE 条件由 f_E 控制，ZPC 条件则由 f_D（和 f_X）控制。在以

FE 决定生产率门槛的模型中，这两个层面的固定成本对生产率门槛的影响是相反的：在 ZPC 层面，f_D 的上升使存活企业的利润下降，为满足 ZPC 条件，须更高的收入，生产率门槛 φ^* 相应提高；在 FE 层面，f_E 的上升使进入行业的预期利润下降，为保证 FE 条件，须提高企业的存活概率，即降低生产率门槛 φ^*。

而在未设置固定成本的模型中，ZPC 条件独立决定生产率门槛，φ^* 随可变成本与相对收入的具体设置而变化。

二、基于外生异质性的选择效应

这部分文献假设企业只生产单一产品，因而贸易不会带来企业层面的资源再配置，也就是说，贸易并未改变企业的生产率。贸易结果只是令资源在不同生产率的企业之间重新分配，带来产业层面的生产率提升。尽管如此，这部分文献所提出的选择机制为后续企业层面的选择机制奠定了理论范式，后续文献是对这些机制的拓展与延伸，因而这部分文献是异质性企业模型的奠基性文献。以下将这些文献中的代表性模型按选择机制归纳为劳动力市场竞争和产品市场竞争，分别加以论述。

（一）劳动力市场选择机制

这类文献以 Melitz（2003）研究贸易对生产率影响的文章为代表，认为一个行业内，企业的退出是由于贸易加剧了劳动力资源的争夺：出口商的扩张提高劳动力需求，使实际工资上涨，提高了企业生产成本，迫使生产率较低企业退出。其他模型将 Melitz（2003）模型与新古典贸易理论融合，大大提高了传统贸易模型对现实的解释力。

1. 新新贸易理论的基准模型

Melitz（2003）模型在 Krugman（1979）的垄断竞争模型基础上设置了固定出口成本与沉没成本 f_E；企业生产率 φ 外生，从分布 $G(\varphi)$ 中随机抽取；n+1 个相同国家进行贸易。

该模型生产门槛的决定应用了 FE 条件。均衡时，只有抽取到生产率 φ 高于生产率门槛 φ_D^* 的企业才能弥补固定生产成本 f_D 而决定生产；抽取到生产率 φ 高于出口生产率门槛 φ_X^* 的企业才能弥补固定出口成本 f_X 而决定出口。由于 $f_X > f_D$ 的假设，$\varphi_X^* > \varphi_D^*$。也即，均衡时，抽得生产率高于某一门槛（$\varphi_D^*$）的企业对国内市场生产，而生产率高于某一更高标准（φ_X^*）的那部分企业选择出口。

贸易自由化使出口企业利润上升，生产扩张，同时，出口利润的上升使原国内生产者中的高效率企业得以出口。这些变化增加了劳动力需求，实际工资率提高，使生产成本上升，生产率低者利润下降，边际企业（Marginal Firm）利润降为负值，因而退出。

贸易自由化使高效者扩张，低效者缩小或退出，产业内资源重新分配，使整个行业平均生产率上升。该模型可具体总结为以下几点：

（1）模型特征。在 Krugman（1979）的垄断竞争模型基础上设置了固定出口成本；企业生产率 φ 外生，从分布 $G(\varphi)$ 中随机抽取；n+1 个相同国家进行贸易。只有抽取到生产率 $\varphi > \varphi^*$ 的企业才能弥补固定出口成本而决定出口。

（2）选择机制。自由进入条件（FE）使期望收益的变化成为企业决策的核心。期望收益：

$$v_e = \frac{1 - G(\varphi^*)}{\delta} \tilde{\pi} - f_e \tag{2.4}$$

贸易后利润变为：

$$\tilde{\pi} = \pi_d(\tilde{\varphi}) + p_x n \pi_x(\tilde{\varphi}_x) \tag{2.5}$$

出口机会使利润上升，期望收益上升，进入者上升，竞争激化。而稳态均衡有 $[1 - G(\varphi^*)] M_E = \delta M_i$，RHS 不变，所以须 LHS 中 φ^* 上升。

进一步的贸易自由化（τ 下降）使 φ^* 上升，φ_X^* 下降，即生产率高者扩张（出口），而生产率低者退出。原理是生产率高者的出口上升，增加了劳动力需求，实际工资率（Real Wage）提高，使生产成本上升；生产率低者利润下降，边际企业（Marginal Firm）利润降为负值，因而退出。

（3）结论。贸易使产业内资源重新分配，高效者扩张，低效者缩小或退出，使整个行业平均生产率上升。

（4）实证意义。该模型的提出解释了同一产业中为何出口商与非出口商同时存在：固定出口成本的存在使只有生产率达到某一水平以上的企业才能出口。同时解释了实证研究中发现的出口商优越性（Superiority of Exporters）：出口商在生产率、雇用规模、销售额等方面都高于非出口商。

2. 基准模型与传统理论的融合

（1）与要素禀赋理论的融合（BRS，2004）。Bernard Redding & Schott（2004）的模型将 Melitz（2003）模型与 H-O 理论结合，假设两种投入（技能与非技能劳动力）、两种产出，并将进入成本设置为两种要素价格的函数；贸易双方禀赋不同，本国为技能劳动力充裕国。

根据 H-O 理论，贸易使一国充裕要素价格上升，使得固定成本上升，而根据 Melitz（2003）模型，这使该行业准入生产率门槛上升，提高了一国平均生产率。

由于密集使用充裕要素的行业（比较优势行业）进入成本上升幅度更大，因而其生产率门槛提高幅度也大，所以该行业的平均生产率上升多；另外，由于非比较优势行业的平均生产率也有提升，该国平均物价下降，当物价下降幅度较大时，稀缺要素的真实回报率甚至可能是提高的。这是该模型与传统的 H-O 理论的最大区别——传统理论中稀缺要素的真实回报率必然下降，而加入异质性企业模型后，行业生产率的提高可使价格的下降大于名义回报率的下降。

该拓展模型的意义主要在于解释了不同行业在贸易中生产率提高幅度不同：比较优势行业的生产率提高更快，比较优势在贸易中得以强化，这是比较优势产业的选择效应。

（2）与李嘉图理论的融合（Falvey & Zhihong Yu，2005）。Falvey & Zhihong Yu（2005）模型将 Melitz（2003）模型与 Ricardian 理论结合，假设贸易双方市场大小不同，且生产率服从不同的分布，具有技术比较优势的一国（本国）生产率分布左移。长期均衡中，由于本国生产率分布占优，出口机会更大，因而会吸引更多企业进入行业，从而引致更高的生产率准入门槛。这使两国的技术差距扩大，本国的比较优势进一步强化。

另外，该模型与传统 Ricardian 模型的重大区别是，传统 Ricardian 模型的贸易双方都会获利；而加入异质性企业模型后，贸易带来出口机会的不同，使贸易双方能够吸引的企业数目不同，竞争程度不同，当贸易双方的技术差距较大时，进一步的贸易自由化可能降低技术落后国的生产率准入门槛，从而使该国利益受损。

与 H-O 拓展类似，该模型指出，技术优势一国在贸易中的生产率进步更大，而技术落后国可能因自由化而受损。

（二）产品市场选择机制

这类文献以 Melitz & Ottaviano（2005）的模型为代表，认为行业内企业的退出是由于产品市场竞争的激化：贸易带来的进口竞争提高了需求价格弹性，使企业利润下降，生产率较低企业退出；与 Melitz（2003）模型相反，该模型假设劳动力供给是完全弹性的，不存在劳动力价格的上涨，劳动力市场对选择不起作用。而另一种产品市场选择机制是价格最低者胜出（ZPC 条件），由 Bernard et al.（2000）的文章提出。M & O（2005）的产品市场选择结果是高效者在某一目的地市场的市场份额上升，而 BEJK（2000）的选择结果是高效者占领更多市场。一个市场的一种产品只存在一个供应商。

1. 垄断竞争

Melitz & Ottaviano（2005）模型在 Melitz（2003）模型的基础上加入了线性需求，使成本加成不再是常数，而是随出口市场特征改变而改变，从而将市场特征（Size, Distance）引入产品价格决定中。企业边际成本 c 仍为外生，支付 f_E 后从分布 $G(c)$ 中抽取，$c \in [0, c_M]$。

该模型并未设置固定生产成本和固定出口成本，但仍由 FE 决定生产率门槛。均衡时，抽取 c 低于某一门槛 c_D 者面对国内市场生产，抽取 c 低

于某一更低门槛 c_X 者选择出口。线性需求的设定，使得低成本（高效率）企业面临的需求弹性较低，使其成本加成升高，利润更大。

贸易自由化使出口企业利润上升，得以扩张；出口生产门槛放宽，国内高效企业得以进入出口市场；而国内生产门槛紧缩，低效者退出。原理是增加的出口机会使进入行业的期望收益上升，竞争程度上升，成本加成下降，迫使低效者退出。

与 Melitz（2003）相同，贸易自由化使高效者扩张，低效者缩小或退出，产业内资源重新分配，使整个行业平均生产率上升。

该模型可具体总结为以下几点：

（1）模型特征。该模型在 Melitz（2003）的基础上加入了线性需求，使成本加成不再是常数，而是随出口市场特征改变而改变，从而将市场特征（Size，Distance）引入产品价格决定中。

（2）选择机制。由自由进入条件得出自给自足时的最高成本门槛为：

$$c_D = \left[\frac{2(k+1)(k+2)\gamma (c_M)^k f_E}{L} \right]^{\frac{1}{k+2}} \qquad (2.6)$$

而贸易后成本门槛为：

$$c_D^l = \left[\frac{\gamma \varphi}{L^l} \frac{1 - \rho^h}{1 - \rho^l \rho^h} \right]^{\frac{1}{k+2}} \qquad (2.7)$$

出口的最高成本为：

$$c_X^h = c_D^l / \tau^l \qquad (2.8)$$

$$\varphi \equiv 2(k+1)(k+2)(c_M)^k f_E \qquad (2.9)$$

c_X^h 为本国出口的最高成本。可见贸易使 c_D 下降，低效者退出，而出口 c_X 较高，即高效者扩张（出口）。更进一步的贸易自由化（τ 下降）使 c_D 下降，成本加成下降，利润下降，低效者退出；而出口最高成本 c_X^h 上升，高效者利润增加得以扩张。原理是增加的出口机会使进入行业的期望收益上升，竞争程度上升，成本加成下降，迫使低效者退出。

（3）结论。贸易使 c_D 下降，全行业平均生产率提高。另外，所有企业的成本加成都下降，尽管退出者为低加成者，但 Pro-cometitive Effect 主导，平均加成还是下降了，这是该模型中贸易福利的另一个来源。

（4）实证意义。该模型的重要意义在于将目的地市场特征引入生产率门槛的决定中，使不同市场的获利性不同，为企业对目的地选择的调整奠定了理论基础。特别是，在传统的 CES 模型中，市场规模（Size）的上升提高了需求，使企业易于存活，φ^* 下降，提高了该市场的平均价格；而在本模型中，市场规模上升意味着竞争程度的提高，获利性下降，使 φ^* 上升，可能使平均价格下降，为实证中发现的市场规模与整体价格水平的多样性关系提供了解释可能。

2. 寡头竞争

Bernard et al.（2000）模型所提供的分析框架在异质企业对贸易模式的影响上与 Melitz（2003）模型具有同样的解释力，但因不如后者易拓展，故而后续应用较少。以下分析侧重其与 Melitz（2003）模型的对比，得出其特有的生产率进步理论。

该模型在 Ricardian 模型基础上加入垄断竞争与寡头竞争，无固定出口成本（Melitz 模型的解释核心在于设置了固定出口成本）。N 个贸易国技术不同、原料价格不同、贸易可变成本不同（而 Melitz 模型中各贸易国完全相同）。各国凭成本优势在各个出口市场竞争，仅成本最低者可存活，利润为零（Melitz 模型中，除边际企业外，所有存活者利润都为正）。

该模型的生产率门槛由 ZPC 条件决定。均衡时仅最低成本者才能在一国市场存活。

贸易自由化使竞争上升，在本国存活的生产率门槛上升，低效者退出，高效者有了更多参与竞争的市场，可出口的市场数目上升（在此模型中，扩张意味着出口市场的数目上升，而不是市场份额上升，因为始终有 ZCP）。

贸易自由化使低效生产者退出一国市场，高效生产者占领更多市场，资源配置优化，该行业总体生产率上升。另外，由于选用了 Ricardian 模型，各国投入价格（ω_i）不同（Melitz 模型各国要素价格相同），贸易使投入价格下降，相当于提高了一国生产率，这使该模型中贸易带来的生产率所得比其他模型多了一个来源。

该模型可概括为以下几点：

（1）模型特征。在 Ricardian 模型基础上加入垄断竞争与寡头竞争，无固定出口成本（Melitz 模型的解释核心在于设置了固定出口成本）。

N 个贸易国技术不同（T_i）、原料（Input Bundle）价格不同（ω_i）、贸易可变成本不同（距离 d_{ik}）（而 Melitz 模型中各贸易国完全相同）。

各国凭成本优势在各个出口市场竞争，仅成本最低者可存活，利润为零（Melitz 模型中，除边际企业外，所有存活者利润都为正）。

（2）选择机制。由于仅最低成本者才能在一国市场存活，因而一个企业在本国存活的条件是：

$$Z_{1i}(j) \geqslant Z_{1k}(j) \frac{w_i}{w_k d_{ik}} \qquad \forall k \neq i \qquad (2.10)$$

贸易使竞争上升，在本国存活最低生产率 $Z_{1i}(j)$ 上升，低效者退出，高效者有了更多参与竞争的市场，可出口的市场数目上升（在此模型中，扩张意味着出口市场的数目上升，而不是市场份额上升，因为始终有 ZCP）。

（3）结论。贸易使低效生产者退出一国市场，高效生产者占领更多市场，资源配置优化，该行业总体生产率上升。另外，由于选用了 Ricardian 模型，各国投入价格（ω_i）不同（Melitz 模型各国要素价格相同），贸易使投入价格下降，相当于提高了一国生产率，这使该模型中贸易带来的生产率所得比其他模型多了一个来源。

（4）实证意义。与 Melitz 模型相比，该模型认为，除了资源在产业内的再配置（Entry, Exit, Reallocation Effect），贸易提高生产率还有一个额外渠道：贸易使投入品价格下降。为实证文献发现的投入价格的下降对生产率有提高作用（GPTK，2008）提供了解释。

三、基于内生异质性的选择效应

这部分文献假设企业或生产多种产品，或生产一种产品使用多种技术，这使得贸易可以影响企业内部资源的再分配，从而在个体企业层面也能带来生产率的上升；同时，对不同产品（或不同生产技术）的不同影响又扩大了生产率所得的来源。这是企业层面的选择效应。这类文献仍可按选择机制归为劳动力市场竞争和产品市场竞争，它们分别是对 Melitz（2003）、M & O（2005）模型在产品层面的延伸，尽管选择机制类似，但结论意义重大。

（一）劳动力市场竞争

这部分模型中的企业退出原理与 Melitz（2003）模型相同；由此拓展出的产品淘汰原理也相同：贸易带来高效者的扩张，行业平均生产率上升，使低专业技能产品的获利性下降，企业遂将资源配置到其具有核心竞争力的产品生产上，而放弃其低专业性产品的生产。这一理论以 Bernard et al.（2006）模型为代表。该模型是一般化了的 Melitz（2003）模型：引入企业和产品层面的双重异质性，并相应设置了双重固定成本。该模型的思路是将 Melitz（2003）的异质性、自由进入条件等过程应用到企业层面，从而生成多产品企业。企业既异质于企业总体效率（firm ability ~ $g(\varphi)$），又异质于专项产品技能（product expertise ~ $z(\lambda)$）。分布 $g(\varphi)$、$z(\lambda)$ 对各企业都相同。

该模型的特点是：第一，同一个企业中各产品之间的生产率正相关。第二，产品技术门槛由 ZPC 条件决定。对每一个企业效率 φ，由 ZCP 可得一个产品技术门槛 $\lambda^*(\varphi)$，且各企业产品技术门槛的分布相同。第三，由 ZPC 条件得到，各产品的技术门槛 $\lambda^*(\varphi)$ 正比于行业生产率门槛，反比于企业自身效率。

出口使进入行业的期望收益上升，进入者（Entrants）增加，行业生产率上升，出口所需技术门槛相应上升，使得行业层面生产率上升，并有企业加权生产率上升。

贸易自由化使国内生产者产品技术门槛提高，出口者产品技术门槛下降。即出口者得以向其低技术产品扩展，而且由于该边际的调整，使得出口生产率门槛的下降要小于单一产品企业模型，即新进入出口市场的企业减少——削弱的进入效应（Dampened Entry Effect）。

贸易使所有企业的最低技术门槛上升（企业向核心竞争力集中），使企业层面生产率提高；贸易自由化使生产效率门槛上升，低效者退出，出口的效率门槛下降，高效者扩张；另外，贸易自由化还令非出口企业的最低技术门槛进一步上升，企业规模缩小，出口企业的最低技术门槛下降（可生产低效率产品），规模扩大。

该模型可具体总结为以下几点：

1. 模型特征

一般化了的 Melitz（2003）：双重异质性+多产品企业+固定设厂成本。

该模型的思路是将 Melitz（2003）的异质性、自由进入条件等过程应用到企业层面，从而生成多产品企业。企业既异质于企业总体效率（firm ability ~ g（φ）），又异质于专项产品技能（product expertise ~ z（λ）），即双重异质性。分布 g（φ）、z（λ）对各企业都相同。

2. 对该模型的几点说明

（1）此时生产率用 $\theta_i = \varphi_i \lambda_i$ 衡量，可见同一个企业中各产品之间的生产率正相关。

（2）对每一个企业效率 φ，由 ZCP 可得一个产品技术门槛 $\lambda^*(\varphi)$，且各企业产品技术门槛的分布相同。

（3）技术门槛 $\lambda^*(\varphi) = [\varphi^*/\varphi]\lambda^*(\varphi^*)$：$\varphi$ 上升，须 $\lambda^*(\varphi)$ 下降（企业效率上升，生产率上升，收入上升，足以覆盖固定生产成本，所以该企业的低技术产品也得以生产）；φ^* 上升，$\lambda^*(\varphi)$ 上升（行业平均生产率上升，竞争程度上升，收入下降，因而要维持 ZCP 所容许的技术门槛提高）。

（4）企业生产率的度量（Firm's Weighted Productivity）：

$$\tilde{\lambda}(\varphi) = \frac{1}{1 - Z(\lambda^*(\varphi))} \int_{\lambda^*(\varphi)}^{\infty} (\varphi\lambda)^{\sigma-1} z(\lambda) \, d\lambda \qquad (2.11)$$

（即企业效率由产品技术加权）

3. 选择机制

出口使进入行业的期望收益上升，进入者（Entrants）增加，φ^* 提高，$\lambda^*(\varphi)$ 上升，使得行业层面生产率上升，并有企业生产率 $\tilde{\lambda}(\varphi)$ 上升。

进一步的贸易自由化（τ 下降）使国内生产者 $\lambda^*(\varphi)$ 上升，出口者 $\lambda^*(\varphi)$ 下降。即出口者得以向其低技术产品扩展，而且由于该边际的调整，使得 φ_X^* 的下降要小于单一产品企业模型，即新进入出口市场的企业减少——削弱的进入效应（Dampened Entry Effect）。

4. 结论

贸易使所有企业的最低技术门槛上升（企业向核心竞争力集中），使企业层面生产率提高；贸易自由化使企业效率门槛上升，低效者退出，出口的效率门槛下降，高效者扩张。另外，贸易自由化还令非出口企业的最低技术门槛进一步上升，企业规模缩小，出口企业的最低技术门槛下降（可生产低效率产品），规模扩大。

5. 实证意义

该模型对企业内部资源再分配这一层面的拓展，解释了很多前人未能解释的实证发现。本模型说明，高产能的企业不仅每种产品的产量更多，而且其生产的产品种类也更多。这使得较均衡的产能分布也可以得出贸易集中的结果。可见，本书也是一系列研究出口产品范围或产品组合的文献的一个补充，如 Arkolakis & Muendle（2010），文章结论是目的地市场的竞争增强使企业选择出口自己的最优产品（First/Best Product），从而企业生产率上升。这类文章中产品范围或产品组合的选择机制与质量选择异曲同工。

（二）产品市场竞争

与产业层面的产品市场选择机制类似，这部分文献也涵盖了自由进入条件（FE）决定机制和零利润（ZPC）决定机制。前者由于进口竞争激化，需求弹性上升，迫使企业生产向其核心技能集中（Core Competence）；后者由于出口提高了技术效益，使更多企业转向应用更高技术生产，实现了企业层面的生产率进步。

1. 产品范围选择

Mayer et al.（2011）沿用了 Melitz & Ottaviano（2005）的模型，在此基础上对边际成本进一步设置：种类 m 的边际成本为 $\omega^{-m}c$，$\omega \in$（0，1），ω 趋于 0 时，企业向其核心技能靠拢；种类 m 与 m' 的产量之比为：

$$\frac{q(v(m,\ c))}{q(v(m',\ c))} = \frac{c_D - \omega^{-m}c}{c_D - \omega^{-m'}c}, \quad m < m' \tag{2.12}$$

即 m 比 m' 更靠近核心技能。贸易使生产成本门槛 c_D 下降，$q(m)/q(m')$ 上升，企业资源向其核心产能集中，企业层面生产率上升；而且竞争越激烈的市场会使这种集中越加剧，生产率提高更大。

贸易自由化使企业资源向其核心产能集中，企业层面生产率上升，行业生产率得到提高。

2. 产品技术选择

Yeaple（2005）设定两种投入（异质技术、异质劳动力）、两种产品（同质产品 Y 和差异化产品 X），X 的生产有两种技术可供选择：H（高技术）与 L（低技术）。不同劳动力的技能 Z 不同，不同技术 i（i = H，L）与劳动力的匹配程度 $\varphi_i(Z)$ 也不同。工资根据劳动力的生产率进行调整，使得运用相同技术 i 的单位成本相等，单位成本为：

$$c_i = \left(\frac{wage}{\varphi}\right)_i \tag{2.13}$$

高技能劳动力的工资溢价为：

$$\frac{c_H}{c_L} = \frac{\varphi_L(Z_2)}{\varphi_H(Z_2)} \tag{2.14}$$

Z_1、Z_2 分别为 L、H 技术雇用劳动力技能的最低临界点。而由零利润条件（ZPC），c_H/c_L 与相对收入 R_H/R_L 成比例。

该模型使用 ZPC 条件决定技术选择。均衡时，生产率最高的企业选用高技术生产差异化产品 X 并出口，生产率最低者生产同质产品 Y，而生产率居中者使用低技术生产差异化产品 X。

贸易自由化使竞争激化，高技术效益提高（R_H/R_L 上升），由 ZPC，

c_H/c_L 上升，得到 $\varphi_L(Z_2)/\varphi_H(Z_2)$ 上升，须 Z_2 下移，更多企业选择使用高技术生产并出口，即高技术部门雇用的劳动力增多，而低技术工人退出。最终，贸易自由化使产品 X 与 Y 部门的生产率都上升，使劳动力平均生产率提高。

该模型认为生产率的差异源于企业的内生选择，而不是由外生的生产率分布随机抽取。这解释了为何出口商比非出口商的技术（或资本）密集度更高。

第三节　质量异质性企业模型关于企业质量生产选择的论述

早期的"新新贸易理论"模型并未涉及质量维度，而是假设投入是同质的，仅生产率不同。在企业层面上，这意味着生产率越高的企业，边际成本越低，价格越低。但实证研究发现，较大的出口企业定价反而较高，绩效更好，且企业规模与投入价格呈正相关。为了解释这些现象，"新新贸易理论"开始纳入质量边际，企业根据目的地市场特征选择最优产品质量。即：异质企业不仅异质于生产率，也异质于质量选择（投入品的价格）。就像企业会根据目的地市场的特点（距离、市场规模、竞争程度等）调整出口量、产品种类、出口价格等一样，企业也将根据目的地的特点选择出口产品的最优质量。这刚好将目的地市场的收入分配问题与企业的质量选择问题联系起来（Antoniades，2008）。

一、质量异质性企业模型的产生背景

受全球经济退行的影响，中国的贸易形势日趋严峻。转型升级、提高产品质量从而提高企业竞争力，成为稳定出口的第一出路，这使得质量在贸易中的地位越来越受到重视。传统理论认为，低价产品需求更高，但现实中常常是高价产品的需求更高，更具出口竞争力。低价竞争已不再顺应历史潮流。尤其在经济萧条时，独具特色的产品才能保有市场份额，凸显优势。因而在全球经济退行的当下，质量①作为衡量产品需求的第二维度，研究其对贸易影响的重要性不言而喻。作为影响产品效用的另一维度，质量的纳入改变了以往单一以价格衡量产品需求的研究模式，可以为高价产品需求更高的现象提供一种解释。那么，这一系列问题的研究，对现阶段经济转型中的中国有着重要价值。因此，QHFM（Quality - augmented Heterogeneous Firm Model，质量异质性企业模型）对 HFM 模型的主要拓展在于需求方面的设置——令需求受到质量偏好的影响；质量可以由企业根据需求进行内生选择②，使需求对企业生产具有能动作用，从而得出与现实更为贴近的结论。

异质性企业模型的重要结论之一是：在给定市场的竞争中，价格低者的竞争力强。而随着新新贸易理论的发展，实证研究中发现这一结论与实证中发现的现实贸易模式有两处矛盾：其一，大多贸易品的收入与价格呈正相关。对同一企业而言，其产品在定价高的出口市场收入更高；对同一目的地市场而言，同一产品定价高的企业收入更高（Manova & Zhiwei Zhang，2009）。其二，企业生产率与其产品价格呈正相关：出口生产率门槛高的市场，产品平均价格更高（Johnson，2011）。为解释这些现象，学者们在 HFM 中考虑质量维度，使 HFM 理论对现实更有解释力。而这类以质量为桥梁来统一理论与现象的模型统称为 QHFM。这些文献的核心思想是：当考虑了消费者对质量的偏好时，产品需求的决定因素就由单一的价格维度扩展为二维——价格维度与质量维度。因此，高价格产品的竞争力未必低于低价竞争者。在 HFM 中考虑质量维度，使 HFM 理论对现实更有

---

① 在前人对质量的研究中，对产品"质量"的共识定位是：可以提高消费者效用并增加生产者生产成本的产品特征（Rosen，1974；Bresnahan，1981；Feenstra & Levinsohn，1995）。

② 人们对不同的质量特性有着不同的支付意愿（即保留价格），而生产者根据消费者的支付意愿决定对某一特性生产多高的质量水平。

解释力。也即：考虑了质量维度后，价格中不仅包含传统生产率的信息，还包含了质量生产（与质量需求相关）的差异，而这两方对价格的影响恰恰相反，令生产率、贸易价格与企业竞争力三者的关系形成了多样的可能，从而产生多样的贸易模式与经济效应。而关于质量在市场竞争中的影响，传统文献早有研究，但局限于当时理论工具的发展，仅存在完全竞争市场、垄断市场与寡头市场结构的研究，并未结合企业异质性，因而质量维度对企业生产率是没有能动作用的。QHFM 文献的重要性就在于结合了传统质量研究的理论精髓与当前异质性企业模型的发展，将贸易理论发展到了一个新高地。

总的说来，在基准的异质性企业模型（HFM）中，生产成本低的企业更易存活；但在现实世界中，往往是生产高价产品的企业更具竞争力。质量异质性企业模型（QHFM）从质量角度解释了这一问题。这类研究通过将质量维度引入异质性企业模型，建立了生产率与质量水平的对应关系，一方面强调了质量维度对贸易模式的影响，另一方面重新评估了质量维度下贸易的经济效应。对传统结论有了新的解释与修正：一是生产高质量产品的企业尽管定价较高，但更有出口竞争力：它们出口到更多市场，占有更大市场份额，获得更多收入；二是纳入质量维度后，质量差异而形成的差异性贸易影响令传统的贸易福利估计结论有必要重新探讨。通过整理其发展脉络，可以得出两点结论：一是在需求方面的质量偏好设置以及对需求能动性的探索是 QHFM 模型的核心特征；二是 QHFM 对生产复杂度的强调，开拓了除价格竞争、数量竞争之外的质量竞争模式，这是未来国际竞争的主流模式。QHFM 文献强调产品垂直差异化特征，即质量的影响。依其关注的问题可大致分为两类：一类通过研究质量选择随目的地市场特征变化的规律，类似经济地理文献；另一类通过质量维度研究市场竞争环境与行业生产率、收入与就业等贸易结果。而研究的角度则由供给方面逐步发展到需求因素。下面将重点探讨第一类文献，第二类文献将在贸易福利的相关章节中探讨。

二、企业生产率、经济地理特征与质量选择

在传统的生产率—价格—需求关系中，企业生产率越高，生产的边际成本越低，使得价格低、需求高，从而令企业竞争力强。但纳入质量维度后，生产率高者因质量生产的关系，边际成本未必更低，同时，成本加成也可能随质量升高而提高，这使得高生产率企业价格未必更低；此外，消费者对质量的需求令高质量产品更有市场。此时企业会作出怎样的质量生产选择？又会产生怎样的贸易价格、贸易种类、出口密度、出口市场等贸易模式？纳入质量维度后，生产率对边际成本和成本加成的影响都与传统结论有明显差异。在这部分文献的理论发展中，代表文献主要有 Baldwin & Harrigan（2011）、Kneller & Yu（2008）、Johnson（2011）和 Antoniades（2008）等。这些文献关注的中心问题是，纳入质量因素后，经济地理因素（市场规模、距离）如何影响着价格与质量选择的互动。另一部分侧重实证的文献则通过研究质量与贸易额、产品种类、目的地市场数量的关系，从多个角度佐证了理论的预测。这些文献证实，产品质量提高，令价格升高；更重要的是，当质量生产成为企业的内生选择时，生产高质量的企业多是生产率高者，即价格可以与生产率成正比，生产率高的企业未必价格低。打破了生产率与价格的负相关模式。在质量对价格影响的论证中，有的模型仅以质量对边际成本产生影响（Baldwin & Harrigan，2011 等），有的则令质量可同时影响成本加成。前者强调供给方面，后者则是在前者基础上向需求因素方向的拓展。

（一）企业生产率与质量选择

QHFM 的本质是建立了生产率与产品质量的一一对应关系，生产率影响着企业的边际成本，影响企业获利性，进而影响了企业的质量选择。目前在质量维度下，边际成本与质量选择的关系，主要有两类观点：一类是产品质量随生产率上升而提高；另一类是产品质量与生产率成反比（主

要是质量外生文献）。前者令较高生产率可对价格的升高有抵补作用，而后者由于是生产率低者生产质量较高，低生产率令价格进一步提高。前者的代表文献如 Baldwin & Harrigan（2011）、Johnson（2011）；后者如 Brooks（2006）、Crozet et al.（2012）。

Baldwin & Harrigan（2011）运用边际成本—质量弹性[①]说明产品质量高者边际成本更高，使得价格更高，但需求也更高：高质量产品的边际成本更高，但质量的提高速率高于成本增加的速率。这使得质量高者的"质量加权价格"（Quality-adjusted Price）较低、竞争力更强，从而令产品质量高（总成本高）的生产商更具竞争力而进入出口市场，同时对其实证结论予以解释：由于是高质量、高成本的厂商自我选择进入市场，因此令质量选择与距离有正比关系。

从理论发展角度上，Baldwin & Harrigan（2011）最为重要的贡献是提出了"质量加权价格"的思路，将质量作为另一种比较优势，与边际成本联系起来，简单地应用到基准 HFM 模型中，却产生了与其截然相反的结论。这一将质量与异质边际成本联系起来的思想，启发了一系列 QHFM 的研究。但该模型的局限在于，由于选用固定替代弹性（CES）效用函数，对不同贸易伙伴国的成本加成为常数，目的地市场特征仅从选择效应方面影响贸易价格，因而价格模式难免单一。另外，由于质量是外生给定，仅能用成本—价格弹性解释质量与生产率的关系，而企业对质量选择的机制有待拓展。

作为后续发展，Johnson（2011）则将质量选择内生化，可直接检验出口生产率门槛[②]与贸易价格的关系[③]，从而进一步对 Baldwin & Harrigan

---

① 成本随质量上升的速度。

② 异质性企业模型中，仅一部分生产率较高者可从出口获利而选择进入出口市场，决定企业是否出口的这个生产率水平，我们称之为生产率门槛，一般由目的地市场的总需求、价格水平、厂商数目等变量决定。

③ 文章的理论框架仍然沿用了 Baldwin & Harrigan（2007）将边际成本与质量生产结合的思想，但由于将最优质量选择内生化，均衡时产出生产率高者选择生产高质量品种，从而将"质量加权价格"重新统一为产出生产率的函数。

（2011）的理论予以验证。该模型将质量选择内生化的结论是，生产率越高的企业，自我选择生产质量更高的产品，因而边际成本更高，价格更高。这是质量维度对边际成本内生化了的影响。实证回归结论是：平均价格与生产率门槛成正比，支持质量选择标准。Johnson（2011）的主要结论还有：虽然平均价格与生产率门槛成正比，但生产率门槛对价格变动的解释力相对较小，而出口厂商特征则可解释价格变动的很大部分；生产率门槛对贸易额则有很强的解释力。该实证结论的含义有三：一是支持多数行业的选择标准是质量选择（Quality-sorting）；二是生产率门槛对价格的解释力小，而国别特征对质量选择的影响大，说明供给方面并不能全面解释质量选择的影响因素，需求方面的因素可能更重要；三是生产率门槛对出口贸易额有很强影响，说明贸易成本对贸易种类影响很大。该文章将理论与数据有机结合，直观地展示了生产率门槛在贸易模式中的重要性大小，并证实了质量选择标准在贸易中的普遍性。其最具价值之处在于，厘清了生产率门槛在广延边际（Extensive Margin）与集约边际（Intensive Margin）上的不同解释力，指出质量选择可能有更多维度的影响因素（国别特征）。但也正在此处，Johnson 的方法有两处不足：在生产率门槛的估计上，其本身就是国别特征的函数，尽管由其他回归方程估计得出，但这一回归项本身所能代表的生产率变动没能清晰地从国别特征因素中分离出来，因而"生产率门槛对平均价格影响较小"的结论还有待继续验证；另外，为将问题转化为可度量的回归方程，有较多假设，如成本—质量弹性小于1、生产率分布的假设、各国对质量偏好的弹性相同等。将这些假设合理放宽以检验结论的稳定性，也是未来的研究方向。

以上文献认为质量随生产率上升而提高，因而生产率可对质量生产引致的高成本产生抵补作用，而另一部分文献则认为是生产率低者生产质量较高，令价格进一步提高。这部分文献认为，单位要素产出的数量越小，产品的质量越高，即产品质量与生产率成反比[①]。本质上也是通过边际成

---

① 如手工刺绣、葡萄酒等劳动或土地密集型产品。

本与质量的关系来说明质量与价格的正相关，但放宽了边际成本—质量弹性上的假设①，未令生产率高者最优质量选择更高，只令成本高企业的产品质量更高而已。Brooks（2006）将产品的数量生产率与质量生产率对立起来，令二者成反比，使质量高者价格更高。结论是质量高者的收入虽低于质量低者，但平均出口比重更高。类似地，Crozet et al.（2012）令产出效率与质量效率成反比，得出企业层面的贸易价格随目的地市场特征而变化，目的地市场竞争越激烈，产品质量越高，从而价格越高。

总的说来，这部分文献通过分析企业生产率对质量生产选择的影响，论证了生产率高的企业质量水平更高；而又通过"质量加权价格"将商品的两个维度——质量与价格统一起来，从而说明了质量高的产品更有竞争力，是 QHFM 的奠基性文献。

（二）经济地理特征与质量选择

前述文献主要通过边际成本说明需求对质量选择的影响，Kneller & Yu（2008）、Antoniades（2008）则进一步通过成本加成角度②将更多的经济地理特征引入质量选择的决定中。

Kneller & Yu（2008）将"质量加权价格"的思想与线性效用结合起来。文章运用中国的贸易数据，分行业对单位价格的考察发现，大多数行业的单位价格不仅与距离成正比，并且与市场规模的正相关也十分显著。而这种"双正相关"的组合不能用任何 HFM 解释，即使在 Baldwin & Harrigan（2011）的研究中，市场规模对价格的影响也是没有明确结论的。在 Kneller & Yu（2008）的模型中，质量选择标准使边际成本同时正比于市场规模与距离，但成本加成又同时与这两者成反比，因此模型得出的市场规模、距离对单位价格的综合影响是不确定的。该模型由成本加成

①　生产率高者未必"质量加权价格"低。

②　对成本加成这一问题进行拓展的研究主要运用了线性效用函数。该函数由 Melitz & Ottaviano（2005）首次应用于异质性企业模型的研究，令成本加成可随市场特征（市场规模、贸易成本等）变动，为价格的变动模式提供了更丰富的可能。

的可变，为贸易价格模式提供了多种可能，人们可强化或削弱成本加成的影响来解释价格的变化模式；但该模型的质量仍为外生给定，自我选择仍靠成本—质量弹性解释。

Antoniades（2008）通过内生质量选择与线性效用的结合，将这一问题进一步拓展，认为生产率高者，质量选择更高，成本加成更高，因而价格更高。内生最优质量的选择随产出生产率的上升而上升，并受目的地市场特征影响，在此层面上与 Johnson（2011）的理论相同。但其重要性在于，成本加成可随质量选择而变动——成本加成随质量的上升而上升。这与 Kneller & Yu（2008）成本加成随市场规模和距离而下降的结论刚好相反。这样一来，市场规模与距离的上升不仅从质量选择效应方面令价格提高，从成本加成方面也可令价格上升。在一定条件下，这些经济地理因素对贸易价格的影响不再是模糊的，而是正向的。

这部分文献更进一步地从成本加成的角度引入经济地理因素对质量选择的影响，同时也证明质量高者的价格更高。与侧重边际成本的理论相比，其重要意义在于，将质量选择的影响因素从生产率拓展到经济地理因素（成本加成包含了市场需求的信息），从而令后续对价格模式的研究视野拓宽到需求因素，而需求又与产出生产率相互作用，赋予最优质量选择以丰富的结构。

三、产品质量与贸易需求

这类文献的关注点延伸到质量对出口比重、出口目的地数目、贸易组成等边际的影响，这些贸易模式从集约或广延边际上反映了贸易需求的变更。总体结论支持质量选择高者贸易量更高，并且相应地，需求对质量选择也具有能动的影响作用。

决定贸易量的重要因素是需求。而纳入了质量维度后的需求，有其独有特征。一方面，需求不再以价格为单一标准，而是综合考虑价格和质量两个方面（如前述"质量加权价格"）；另一方面，对质量的偏好提升了消费者的支付意愿，令高质量产品可索要更高的价格（成本加成随质量升高），从而令质量生产有利可图。这两个因素决定了生产高质量产品的企业更具竞争力。此外，质量需求不同于数量需求——数量需求仅受总收入影响，而质量需求还取决于个体收入水平。

质量异质性企业模型（QHFM）文献在质量对需求的影响方面也多有论述，总的结论支持质量选择高者，需求更高，更具竞争力，并强调了需求与质量选择的互动作用。核心思想是，除价格外，质量是衡量企业竞争力的另一个维度：产品质量提高，令价格升高，但综合效果可能令需求反而更高。换言之，质量维度的引入，令价格不再是决定需求的唯一要素，综合考虑质量因素后，高价产品的需求可能更高。这从质量角度为需求之谜①提供了一种解释。如 Baldwin & Harrigan（2011）认为，当质量的提高速率高于成本增加的速率时，产品质量高者的"质量加权价格"（Quality-adjusted Price）较低，需求量更高，使得质量高者销售额更高。Antoniades（2008）认为，对质量的需求令成本加成随质量内生而内生，质量高者可索要更高加成，从而总收入更高，利润更高。两者一个从销售收入角度（需求量），一个从利润角度（支付意愿），证实了质量高者需求更高，更具竞争力。而质量高者恰恰是生产率高者。虽然结论同样是"生产率高者竞争力更高"，但 QHFM 与传统结论的不同在于，QHFM 文献对竞争力的论证不是源于低价，而是源于消费者对质量的需求。这意味着价格不再是决定产品竞争力的唯一因素，考虑质量维度后，即使是高价产品仍有胜出的可能，对现实更有解释力。此外，Manova & Zhiwei Zhang（2009）通过对产品—出口国—目的地国匹配数据的分析证实，对同一目的地市场而言，产品定价高的企业收入更高；而对同一企业而言，其产品在定价高的出口市场销售收入更高。说明企业会根据目的地市场调整产品质量，并且质量高的产品需求更高。

Brooks（2006）考察了行业出口份额与该行业相对质量的关系，文章

---

① 传统需求理论认为，价格越低的产品，需求越大；但现实往往观察到的是，价格高的产品需求反而更高。这是需求一直以来的未解之谜。

以 Columbia 的出口数据为例，证实相对质量较高的行业，平均出口比重较高。说明对发展中国家而言，提升质量可促进提高行业出口比重。关注出口目的地方面的代表文献有 Crozet et al. （2012）。文章通过建立产出效率与质量水平的对应关系，得出出口质量与出口额、出口目的地数量的联系，并用 France 的制酒业企业层面的数据加以验证。结论是产品质量越高的企业，其出口的目的地市场越多，在每个市场的出口额越大。贸易组成方面，Auer（2009）假设各国需求分布不同且产品质量不同，令产品质量与消费者偏好一一对应，从而得出结论：对某一质量水平的产品偏好较强的国家倾向于出口该质量水平的产品[①]。该研究从需求方面细化了国别特征对贸易组成的影响，这也是从理论模型上对 Johnson （2011） 结论的解释与推进。类似地，Fajgelbaum et al. （2009） 假设收入较高国偏好高质量产品，从而论证了收入较高国家倾向于出口高质量产品。关注贸易产品种类方面的代表文献有 Hummels & Klenow （2002）。文章将质量与"质量生产率"（Quality Associated Productivity） 联系起来，令最优质量选择正比于"质量生产率"。结论是生产高质量产品的经济体出口产品种类多。这些文献从多个角度说明，生产高质量产品的企业虽然定价高，但是贸易量更大，更有生产竞争力。它们可成功出口到更多市场，占有更大市场份额，获得更多收入。这与基准 HFM 模型中，生产成本越高的企业，收入越低，越难以进入出口市场的结论形成鲜明对比。在现实世界的检验中，QHFM 结论更贴近现实。

值得一提的是，与传统理论相比，QHFM 中的需求具有"能动性"——不仅仅是质量影响需求，需求可以反过来影响企业的质量选择。可见，在 QHFM 中，市场需求影响着企业的质量选择，从而影响着企业的竞争力。可以引申为，需求也是一国竞争力的组成部分。这一渠道的探索是 QHFM 最具拓展潜力之处。

---

① 该结论也称为"行业内本国市场效应"（Within-industry Home Market Effect）。

第四节　简评与未来研究展望

一、各模型特点与贡献

异质性外生的模型以 Melitz（2003）为代表，论证了贸易成本下降使行业生产率进步的原理：高效者扩张，低效者缩小或退出，产业内资源重新分配，使整个行业平均生产率上升。

而 Melitz & Ottaviano（2005）则将目的地市场特征引入生产率门槛的决定中，使不同市场的获利性不同，为企业对目的地选择的调整奠定了理论基础。特别是在传统的 CES 模型中，市场规模（Size）的上升提高了需求，使企业易于存活，φ^* 下降，提高了该市场的平均价格；而在本模型中，市场规模上升意味着竞争程度的提高，获利性下降，使 φ^* 上升，可能使平均价格下降，为实证中发现的市场规模与整体价格水平的多样性关系提供了解释可能。

与 Melitz 模型和 Melitz & Ottaviano 模型相比，Bernard et al.（2000）模型认为，除了资源在产业内的再配置（Entry、Exit、Reallocation Effect），贸易提高生产率还有一个额外渠道：贸易使投入品价格下降而提高了企业的成本竞争力。这为实证文献发现的投入价格的下降对生产率有提高作用（Goldberg et al.，2008）提供了解释。

在异质性内生的模型中，由于 Bernard et al.（2006）模型对企业内部资源再分配这一层面的拓展，解释了很多前人未能解释的实证发现。最突出的有两点：其一，实证研究发现，出口商与非出口商之间在产出和雇用规模上存在巨大差异，但在生产率增速上并无明显区别（Bernard & Jensen，1999）。而前人的异质企业模型都认为，由于出口商比非出口商产出扩张得快，其生产率增速应明显大于非出口商。本模型则指出，贸易成本的降低一方面使出口商在原有出口产品的生产上扩张，提高了生产率；另一方面使其得以在产品范围上扩展，生产其专业性较低的产品，这又降低了其出口市场上的平均生产率，受两种效应的综合影响，出口商的生产率增速未必快于非出口商。其二，实证中发现，贸易有集中性特征：2000 年美国前 1% 出口企业的出口额占总出口额的 80%（BJS，2005）。按照前人异质企业模型的原理，这种现象只能用极不均衡的生产率分布或极高的需求弹性解释，而现实中这两种可能性都微乎其微。本模型则说明，高产能的企业不仅每种产品的产量更多，其生产的产品种类也更多。这使得较均衡的产能分布也可以得出贸易集中的结果。

还有实证研究证明，目的地市场特征对企业的相对产量具有显著影响，而前人模型未能解释这种目的地特征与企业产出结构的紧密联系。Mayer et al.（2011）模型则说明了市场特征是如何影响企业内部资源配置从而最终提高企业层面生产率的。

Yeaple（2005）模型与其他论证企业层面生产率进步的异质性企业模型的最大区别在于，其他模型通过生产率异质企业在产品种类上的变动调整资源配置，从而提高企业生产率；本模型则通过企业选择不同的生产技术，使异质资源在相同企业间重新配置，提高行业生产率。而与此同时，转换生产技术的这部分企业的生产率得以提高，出现了企业层面的生产率进步。后续有关贸易自由化与内生技术投入方面的理论文献还有 Atkenson & Burstein（2010），研究贸易自由化对企业研发投入的影响；Contantini & Melitz（2008），研究贸易自由化的预期与技术选择的互动影响等，而 Yeaple（2005）模型为这一问题提供了奠基性的思想。

异质性企业模型的出现，令我们可以将前人的思想应用到产业内的贸易与生产模式上，研究更为细化的问题。本章根据企业异质性来源（外生与内生）将异质性企业模型加以归类，针对各种选择机制选取奠基性的代表模型进行分析与整理，讨论了贸易提高行业生产率的各类原理，对各种资源再配置理论进行了回顾。这是本书理论分析所运用的核心方法。

而通过这些模型的梳理可见，贸易使资源向优势企业、优势产品倾斜。这是传统贸易理论未能解释的生产率额外提升。贸易使资源在不同企业、不同产品间进行不同程度的再配置，但仍有一些企业层面的调整（贸易对象、投入品、产品质量）是现有异质企业模型未能解释的。更重要的是，现有异质企业模型都未能重视需求的作用，仅从生产效率角度对贸易结果加以解释。而研究需求对产品质量选择，进而对生产率提升的影响正是本书理论分析的主旨。

在思维方向上，质量异质性企业模型（QHFM）文献将质量视为企业竞争力的另一个维度，改变了低价产品需求高的传统结论。通过质量对边际成本、成本加成、需求的影响，解释了需求与价格成正比的现象，从而令生产率、价格、竞争力三者的关系更符合现实——定价高者往往更具竞争力，而定价高者，往往是生产率较高者。

在理论框架方面，QHFM 建立了产品质量与需求的对应关系，令质量可对贸易模式产生影响：Baldwin & Harrigan（2011）等，通过质量解释了贸易价格与经济地理因素的多样关系；Manova & Zhiwei Zhang（2009）、Auer（2009）等指出质量维度对贸易组成、贸易种类、目的地数目等都具有举足轻重的影响；Auer & Saure（2009）将质量选择的作用向行业生产率分布的方向转移。它们在很大程度上填补了 HFM 理论与现实脱节之处，并逐步将需求因素引入 HFM 中，由质量需求发展出异质消费者与异质企业结合的模型，与现实世界的多元模式逐步靠拢。在以往同质产品的竞争中，价格低廉决定了企业的竞争力更强，价格是衡量产品需求的唯一维度。而随着垄断竞争的扩张，产品的差异性日渐重要，产品差异性决定了企业的市场份额与定价能力。其中，垂直差异化（质量）产品特性较水平差异化（种类）更具说服力：高质量产品的盈利性高。尤其在经济萧条时，独具特色的产品才能保有市场份额，凸显优势；低价竞争已不再顺应历史潮流。因而在全球经济退行的当下，质量作为衡量产品需求的第二维度，研究其对贸易影响的重要性不言而喻。转型升级、提高产品质量从而提高企业竞争力，成为稳定出口的第一出路，这使得质量在贸易中的地位越来越受到重视。传统理论认为，低价产品需求更高，但现实中常常是高价产品的需求更高，更具出口竞争力。作为影响产品效用的另一维度，质量的纳入改变了以往单一以价格衡量产品需求的研究模式，可以为这一现象提供一种解释。

二、已解释的问题与未解释的问题

当我们考虑贸易自由化（贸易成本下降）对生产率进步的影响时，需要了解：贸易自由化使哪些企业改变了对贸易或生产的参与（进入或退出）？是否改变了贸易对象（市场特征）？贸易产品发生了何种改变？与各市场的贸易量有何变动？而上述异质企业模型所论证的选择机理，可以对以上很多方面作出回答。如异质性外生的模型论证，贸易自由化使高效者扩张，低效者缩小或退出，产业内资源重新分配，使整个行业平均生产率上升（Melitz，2003；BRS，2004；Falvey & Yu，2004；Bernard et al.，2000）。另外，目的地市场特征也会影响一国生产率的变动（M & O，2005）。异质性内生的模型则说明，贸易自由化可使企业通过对产品范围（Mayer et al.，2011）或生产技术（Yeaple，2005）的调整，提升企业生产率，从而进一步提高行业生产率。此外，以上理论都强调了贸易对生产率提升的选择效应：贸易使效率较高的企业得到更多资源，或使企业内部更具核心竞争力的产品得到更多资源。即：贸易所得向优势企业、优势产品倾斜。这是传统理论之外的贸易福利来源。

这些模型论证了生产率上升源于企业对产出的调整、对产品范围的调整、对生产技术的调整，但引力模型对企业层面数据的发掘指出，仍有多种维度的调整机制是现有模型未能回答的，如企业贸易对象的变更，企业对投入品的调整，企业对产品质量的调整。企业对这些边际的调整在很大程度上影响了贸易总量与贸易结构，进而影响着贸易的结果。对这些问题的进一步研究对于了解贸易对生产率的影响有着重要的现实意义。

更重要的是，前人研究的侧重点在于生产效率异质（供给方面），而极少考虑需求方面的影响。Syverson et al.（2007）指出，企业的进入与退出，需求变动起到了关键作用——市场的形势对企业存活与否同样重要。生产效率的视角掩盖了需求作为另一种比较优势对生产率提高的影响。而对此问题的探究可以使我们重视需求对出口和生产率的作用，对现阶段我国调整需求结构、扩大内需具有重要现实意义。而通过需求角度，将收入分配引入产品质量的决定，从而对企业生产率的影响，正是本书探讨的问题。因此，本书模型是对异质性企业模型在需求方面的拓展创新，为需求因素与企业生产率的互动问题提供了分析框架。

三、本书的特点与贡献

由以上文献的归纳分析可见，研究收入分配对质量生产与贸易影响的文献主要从非同位偏好或递阶式偏好出发，引入收入分配的作用；结论多为收入分配差距缩小利于发展。但主要局限有三：一是效用函数多采用单位饱和需求（1-unit satiation），令质量与数量之间不能替代，与现实有一定脱节；二是产业内生产与需求之间少有互动，需求未能直接影响行业生产率，而考虑了生产方面的模型（Flam & Helpman，1987）在需求方面又过于单一，令收入分配的作用受到局限；三是贸易或生产模式多从产业层面考察，少有产业内生产组成的研究（Fajgelbaum，Grossman & Helpman，2009）与 Lu（2010）研究了产业内部贸易模式，但在前两点上又各有局限）。

质量异质性企业模型（QHFM）的研究，正逐步将需求因素引入异质性企业模型中，令市场竞争强度、经济地理因素等一系列可能影响质量需求的要素都可影响质量选择，继而影响行业生产率。收入分配的研究可通过异质性消费者引入质量需求的影响因素中，但是，两者的研究相对独立，而结合异质性消费者和异质性企业的研究将是未来研究的发展趋势。本书强调从需求视角分析企业的质量选择行为，首次将异质性消费者与质量异质性企业模型（QHFM）结合起来，使得收入分配通过微观层面的企业决策影响了企业质量选择与行业生产率。

此外，本书模型在 Antoniades（2008）的基础上，增加了质量偏好强度参数，消费者异质于质量偏好强度，从而将收入分配的作用引入企业最优质量生产的决定中。基于异质性消费者的消费集不同，将产品集分类，不同产品有不同的需求函数，从而将一个行业内的生产商按其生产的产品集（面对的消费者）进一步分类，因此消费者需求变动对生产结构的变动有着更丰富的影响。

四、未来研究展望

异质性企业理论证明，不仅出口企业与非出口企业在企业规模、资本密集度、工资率与收益率方面具有显著差异，出口的各个企业间也存在明显不同：出口商与出口目的地的匹配有着一定的规律性——规模更大、生产率更高的企业出口到竞争更激烈的市场国（Crozet et al.，2007；Eaton et al.，2005）。由于理论认为企业根据生产率高低自我选择（Self-select）进入出口市场，所以与生产率相关的某些特征的均值（平均生产率、平均产品质量、平均价格等）应该随目的地市场国的特征（如距离、市场规模等）而变化。对这些推论的检验成为目前异质性企业实证研究发展的热点。其中，又以价格随目的地市场特征变化的规律最受重视。Baldwin & Harrigan（2007）、Kneller & Yu（2008）通过检验价格与市场规模及距离的关系探讨企业异质性的性质，强调纳入质量异质的模型更接近现实数据；Johnson（2011）将企业质量选择内生化，通过检验单位价值与临界生产率[①]的正向关系，证明在差异化产品中，质量异质性是企业异质的主要来源。其他文献则检验了企业出口额、出口目的地数目等企业出口行为与企业产品质量的关系，如 Crozet（2007）、Eaton（2005）等。对

---

① 异质性企业模型中，仅一部分生产率较高者可从出口获利而选择进入出口市场，决定企业是否出口的这个生产率水平，我们称之为临界生产率，也称作生产率门槛，一般由目的地市场的总需求、价格水平、厂商数目等变量决定。

于出口产品质量与目的地市场特征的关系却鲜有论据。目的地市场特征，也多限于市场规模与距离这两个变量。Johnson（2011）指出，临界生产率对贸易价格的解释能力有限，而出口国特征却解释了50%以上的价格变动，但包括哪些特征、各自作用大小，则有待进一步研究。

在实证检验方面，Johnson（2011）、Kneller & Yu（2008）、Crozet et al.（2012）、Brooks（2006）从不同国家、不同行业细分程度考察了出口国价格（或贸易组成、出口市场）与出口质量的关系，证实出口质量高的行业（或企业）更有竞争力。目前对于质量的度量多用单位价格（Johnson，2011），或相对价格（Brooks，2006），或市场份额与价格的综合信息（Auer and Chaney，2009；Khandelwal，2010）；也有较特殊数据，如酒业的产品级别（Crozet et al.，2012）等。但由于数据的局限性以及质量这一变量所固有的难以准确界定特点，发展更为精确合理的估计方法以进一步验证质量对贸易模式的影响将大大提升我们对于质量作用的理解。福利估计方面，纳入质量维度后，一方面，质量差异而形成的差异性贸易影响（行业、国家）令传统的估计结论有必要重新探讨；另一方面，当质量选择内生时，贸易自由化所带来的影响不仅是产品种类的调整，还有质量选择的调整，因而纳入质量维度的贸易福利评估将是未来一个重要的研究方向。

国内最新的相关实证研究有刘伟丽、陈勇（2012）的文章，该文运用 Khandelwal（2010）的产品质量模型，分析了中国制造业产品的质量阶梯；陈丽丽（2013）将产品技术复杂度与价格信息结合，从产品技术含量方面测度了中国出口产品质量；施炳展（2010）、陈勇兵等（2012）通过种类边际与质量边际的拆解，研究了中国出口产品质量水平。以上研究从不同角度量度了出口产品质量水平，但未探讨影响出口产品质量的具体因素。在收入分配方面，徐晓慧（2013），沈颖郁、张二震（2011），文娟、孙楚仁（2009），研究探讨了贸易对收入分配的影响；关于收入分配对贸易的作用有冯迪（2012），将收入分配相似度纳入本地市场效应的检验，证实对于某些产品而言，收入分配对本地市场效应具有强化作用。目前国内关于收入分配对出口产品质量影响的理论研究还未有见。

在现实意义上，一方面，质量这一要素的纳入强化了企业的自我选择效应，进一步提高了贸易自由化对行业生产率的提升，同时也改变了传统的消费支出福利所得大小。更重要的是，质量维度的引入令价格高者更具市场竞争力，而这一结论依赖于质量需求，可见需求的重要性。无论是质量对企业竞争力的作用，还是质量对贸易福利的影响，抑或质量选择对行业生产率的能动作用，都依赖于质量需求；在 QHFM 文献中，需求发挥了前所未有的作用。可见，现阶段要稳定出口，就要解放质量需求，引导质量生产，鼓励企业研发，为企业的高质量选择创造条件（如扩大质量内需等）。另一方面，提高质量生产可以提高贸易额，提高行业生产率，并提高定价权。这些因果关系有着坚实的理论依据。而由于现实中的市场竞争强度、经济地理因素等一系列可对质量需求产生影响的要素都可影响选择效应，从而影响行业生产率，这些机制的细化与探索是 QHFM 的未来发展方向，也是本书写作的初衷。

第三章 收入分配对出口质量的影响：理论分析

第一节 引 言

一、简介

随着外部经济环境的动荡与全球化竞争的加剧，现阶段的中国出口面临严峻形势。此起彼伏的经济危机令传统目的地市场——欧盟、美国的需求大幅下降。维持出口平稳的同时扩大内需，成为中国现阶段经济增长的关键。收入分配差距是影响内需市场质量需求的重要因素之一。给定各群体的收入水平，目前刺激消费需求的举措都收效甚微。因此，改变人们在财富中的相对位置，即合理地调整收入分配差距，成为扩大内需的重要途径。

国内市场与出口市场的均衡发展在发展经济学的均衡增长理论中早有关注，只是多偏重需求数量的研究，而未细化到需求质量的均衡发展。关于收入分配对经济增长的影响，也已达成共识：一定程度的收入差距有利于促进经济增长，但收入差距过大则会影响内需量的扩大，从而阻碍经济增长。本书的关注点则从内需的数量转移到内需的质量，将资产收入分配与质量偏好强度联系起来。本书通过构造理论模型，考察收入分配对质量需求的影响，论证收入分配差距过大不利于提升企业对产品的质量选择，进而考察收入分配对一国生产率进步的长期影响。这一研究可以为收入分配对一国产品质量与生产率的影响提供理论分析框架；其结论对我国提升产品质量和劳动生产率，并实现国内和国外市场的均衡发展也具有重要的启示意义。

Melitz & Ottaviano（2008）通过线性需求函数的引入，拓展了 Melitz（2003）异质性企业模型，令市场特征之一——价格指数影响了需求弹性[①]，从而影响企业的生产选择，进而影响行业整体生产率[②]。本书在此基础上进一步引入了异质性消费者和企业内生的质量生产选择：消费者对产品质量偏好存在差异，从而在产业内部形成了市场竞争环境的分割，而这一偏好差异源于收入差距；另外，企业不仅要决定是否生产，还要决定生产质量的高低。本书的拓展使另一个市场特征——收入差距影响了企业的生产选择：对普通产品而言，收入分配差距越小，企业的质量选择越高，行业整体生产率越高。本模型的逻辑是：不同消费者对产品质量偏好存在差异，对于普通产品，较低收入者消费意愿较强，而较高收入者消费意愿相对较弱。同时，质量偏好强度的增速与收入水平成反比。比如农村消费者收入水平较低，但其质量偏好强度的增速较高，他们在收入增加的时候会明显提高对高质量产品的需求；城镇消费者的收入水平较高，但其质量偏好强度的增速较低。因此，收入分配均衡度的提高会提高消费者整体的质量偏好强度。在规模收益递增的行业中，较高的固定成本需要大规模的集中需求来弥补，投资才有利可图；而较均衡的收入分配通过集中消费力度增加了质量需求，使得企业的质量生产有了规模经济效应，令质量升级的利润空间提高，质量升级的固定成本更易收回，厂商因而有激励选择更高的产品质量，这就有利于利润驱动的创新投入或工业化。也就是说，收入分配通过影响消费意愿，改变了市场竞争环境，而竞争环境会对

---

① 在基准的 Melitz（2003）模型中，由于使用 CES 效用函数，需求弹性是常数，所以不会受市场特征影响，即在 Melitz（2003）模型中，市场特征不会对企业的生产决策产生影响。

② 结论认为价格指数越低，竞争越激烈，存活下来的企业生产率越高。

异质性企业有进一步的淘汰、集中、升级作用，从而实现产品质量的转变与行业资源的整合。对普通产品而言，收入分配差距越小，企业的质量选择越高，行业整体生产率越高。基于这样的逻辑思路，本书通过构造纳入异质性消费者假设的质量异质性企业模型，考察收入分配对质量需求的影响，论证收入分配差距过大不利于提升企业对产品的质量选择，进而考察收入分配对一国生产率进步的长期影响。

二、简要理论回顾

本书就整体思想而言，国内市场与出口市场相辅相成的思路秉承发展经济学中均衡增长（Balanced Growth）的思想。在规模收益递增（IRS）的行业中，较高的固定成本需要大规模的集中需求来弥补，投资才有利可图；而较均衡的收入分配利于消费力度的集中，因而利于利润驱动的创新投入或工业化。如 Murphy，Shleifer & Vishny（1989）论证，财富向富人的过度集中令社会资源向手工业部门（生产 Luxury）转移，只有较均衡的收入分配才可令这些资源成为工业品部门的购买力，弥补固定成本，从而推动一国的工业化，因而中产阶级的规模是决定一国工业化进程的重要因素。其本质是资源在两类消费者（贫富）手中能形成多大购买力的问题。本书从微观层面，通过强调收入分配对质量偏好强度继而对企业质量生产选择的影响，将结论延伸到产业内部的贸易组成与生产率变动，是该思想在贸易模式研究中的具体应用。

考察企业产品质量选择影响因素的文献，在新新贸易理论之前的文献中，主要运用异质性消费者进行研究；而在新新贸易理论中，主要运用异质性企业模型研究。

异质性企业模型（HFM）最显著的特点是，企业行为由自身生产率决定（Self-selection），而企业行为又可进一步对行业生产率产生影响，以 Melitz（2003）的理论为代表。核心结论是：均衡状态下，该行业中效率最高的一部分企业选择出口，效率最低者退出市场，效率居中者选择仅供应国内市场。在这种均衡状态下，各个生产率企业得以共存，同时也说明贸易自由化可对该行业总体生产率产生影响。后续拓展出的质量异质性企业模型（QHFM）则尝试将企业的质量选择内生化，即企业可根据自身特征，自主选择生产何种质量水平的产品。这一推进将产品质量选择与企业生产率水平联系了起来，而企业的质量选择又可进一步影响行业生产率。

质量异质性企业模型（QHFM）文献按需求函数的设置不同，主要分为 CES 和线性需求两类。前者代表文献有 Baldwin & Harrigan（2007）、Johnson（2011）[①]，后者主要有 Kneller & Yu（2008）、Antoniades（2008）[②]。主要结论是质量选择取决于企业生产率水平。即企业产品的质量选择与企业生产率水平成正比：均衡状态下，效率最高的一部分企业选择生产质量，且效率越高者的最优质量选择越高；效率最低者退出市场；效率居中者仅生产，不选择质量升级（Antoniades，2008）。而使用线性需求的重要意义在于，成本加成可变（成本加成包含了市场需求的信息），将需求因素纳入质量选择的决定因素中，从而令后续质量选择的研究视野拓宽到需求因素[③]。

上述文献主要通过质量选择，研究贸易价格随目的地市场特征变化的规律，类似经济地理文献。在后续发展中，这类文献关心的中心问题从贸易模式转移到经济效应，包括质量选择对行业生产率的影响和对劳动力市场的影响。Auer & Saure（2009）令需求方面对质量的评价起到了决定质量选择进而决定行业生产率分布的作用，为后续关注需求角度的研究提供了分析框架。但该模型的局限在于：消费者的需求并不是连续的，而是离散选择[④]。这种需求模式令结论的适用范围受到局限[⑤]。Verhoogen（2008）

[①] Baldwin & Harrigan（2007）引入"质量加权价格"（Quality-adjusted Price）的思想，使得质量高者的"质量加权价格"较低、竞争力更强。Johnson（2007）沿用其思想，将质量选择内生化，基本结论与 Baldwin & Harrigan（2007）相同。

[②] Kneller & Yu（2008）的模型中，成本加成同时与市场规模与距离成反比。Antoniades（2008）则通过线性效用与内生质量选择的结合，令成本加成随质量选择的上升而上升。

[③] 使用 CES 效用函数的局限在于成本加成为常数，因而未能随国别特征或质量引致的产品差异性变动。

[④] 即对某一质量水平的产品需求仅为一单位。这导致产品价格变动所产生的影响是令消费者转换购买厂商，而非调整消费数量。

[⑤] 这种需求模式使得均衡解的存在性须依赖成本—质量凸性（即边际质量生产成本递增）的假设。

将质量需求进一步具体化，假设消费者对质量的评价取决于一国的收入水平，从而令收入水平影响了企业质量选择。文章运用质量选择解释了劳动力市场工资差距扩大的现象，为 QHFM 的应用拓展了新的空间。

可见，质量异质性企业模型（QHFM）发展到现阶段，正逐步将需求因素引入异质性企业模型中，令市场竞争强度、经济地理因素等一系列可对质量需求产生影响的要素都可影响质量选择，继而影响行业生产率。

本节之后的结构安排如下：第二节对模型效用函数的设置进行简要回顾；第三节介绍理论模型的封闭经济情况；第四节拓展为两国开放经济模型，分析得出贸易对质量选择的影响，并说明市场规模与质量偏好的交互作用；第五节将模型参数化，得到准入门槛与平均生产率表达式，分析各参数的变化对社会平均生产率的影响，并指出收入分配均衡化对质量偏好的改变方向及相关条件；第六节总结并给出政策含义。

第二节　效用函数的设置

一、收入分配影响消费行为的理论基础

（一）相对收入与边际效用

在有关消费行为的研究中发现，一方面，时间序列上人均收入的大幅增长并未令幸福指数出现明显上升趋势；另一方面，实证研究证实幸福指数与人均收入的确存在显著正相关。为解释这一看似矛盾的现象，学者在效用函数中引入了相对收入的元素。即：人均收入增长带来的效用上升取决于参照群体的人均收入增长情况；如果消费者自身收入上升，但与参照群体相比，相对收入并未提高，那么该消费者的效用也不会有太大变化。

当然，相对收入的重要性也取决于人均收入水平：在发展中国家，对效用起主导作用的仍是人均收入；在发达国家，相对收入的重要性大大增强。因此，引入相对收入效用函数的基本形式是：$U_t = \beta_1 \ln(y_t) + \beta_2 \ln(y_t/y_t^*) + Z_t^* \gamma$，其中，$y_t$ 是个体消费者在时间 t 的收入水平，y_t^* 是参照群体的人均收入。参照人群可能是自身过去的平均收入、对未来的期望收入，也可以是同一工作单位的同事，或者同一地区或同一国家的劳动者[①]。

更具体地，人均收入带来的边际效用如图 3-1 所示[②]，在参照人群的收入不变的情况下，一单位人均收入增长带来的边际效用要高于参照人群的收入同时增长的情况。

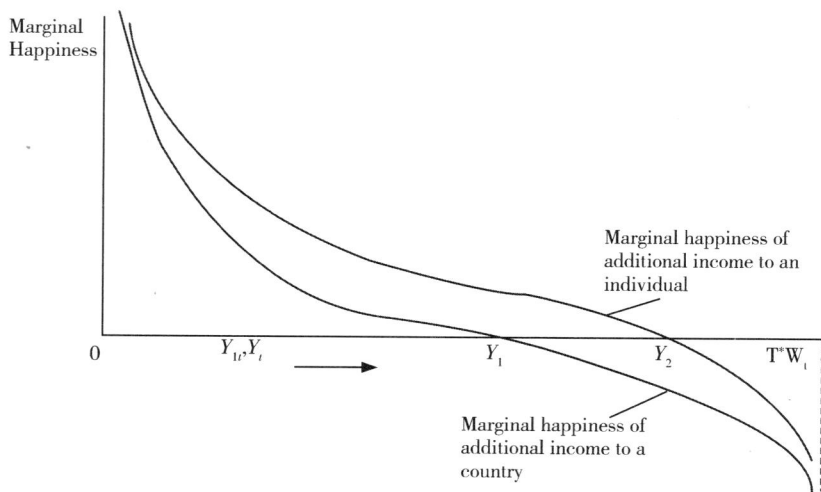

图 3-1　收入的边际效用：个人与群体

资料来源：Relative Income, Happiness and Utility: An Explanation of the Easterlin Paradox and Other Puzzles. Journal of Economic Literature, 46 (1), pp. 95-144.

---

①② Relative Income, Happiness and Utility: An Explanation of the Easterlin Paradox and Other Puzzles. Journal of Economic Literature, 46 (1), pp. 95-144.

（二）相对收入与需求类别

Frank 在论述效用的本质时也认为，相对资源的占有，即在某群体中的位置排序，是决定个体效用的最根本的因素①。文章举例，与 A 社区的其他人拥有 600 平方米的住宅而自己拥有 400 平方米相比，住在平均住宅 200 平方米的 B 社区而自己拥有 300 平方米的住宅会带来更大的满足感。可见除了绝对消费量，相对消费对效用有很大的影响。而某些产品的性质决定了这些产品的相对消费因素对效用的作用远远高于其他产品（对"闲暇时间"而言，相对消费就显得不那么重要）。这些产品称为地位型产品（Positional Goods），相对消费对效用的影响不大的产品则称为非地位型产品（Non-positional Goods）。Frank 指出，当人均收入达到一定水平时，额外的收入更多地支出在地位型产品上（住宅更宽敞、汽车更昂贵等）；而在关乎国计民生的产品（如医疗、教育等的服务）上的支出不会明显上升。由此可见，收入分配如果过于不均衡，会导致经济发展的失衡，而且收入分配的影响也会随产品性质而变化。

（三）相对收入与消费倾向

Jin et al. 在研究收入分配对消费倾向的影响中，提出了地位诉求的消费动机（Status-showing Consumption）与储蓄行为（Status-seeking Savings）。文章证实，前人提出的收入水平上升，平均消费倾向（Average Propensity of Consumption）下降，没有解释消费随收入分配而变化的现象。以中国 1997~2006 年的数据为例，在控制了收入水平的情况下，仍有消费水平随收入分配不均衡程度的增加而下降的规律。通过地位诉求的消费理论，文章提出，收入水平差距越大，提高社会地位的回报越高，为了提升社会地位的储蓄就越高（主要是教育投资），以致降低了消费。并且这种现象随人群的不同而有差异：在贫穷人群与年轻人群中，收入分配不均对消费的

---

① Positional Externalities Cause Large and Preventable Welfare Losses. Frank.

降低更明显；也随产品性质而变化：收入分配对基本消费品（Subsistence Consumption）的消费没有显著影响，对表征性消费品（Conspicuous Consumption 或称 Status-showing Consumption）的消费有显著的负面影响（收入分配不均上升，该消费下降）。

结合以上研究可见，相对收入水平会对消费与效用都产生影响，而且这些影响随产品类别与消费人群而发生变化。这说明本书以相对收入水平模拟质量偏好强度的思路具有坚实的现实依据，并证实质量偏好强度以质量边际效用的形式引入效用函数是合理的。进一步地，以上研究都说明了收入水平提高，边际消费倾向降低，这也令本书假设质量偏好强度随收入水平上升而增速减缓的说法更具说服力。同时，依据这些假设而得出的结论，会随产品类别与消费人群而变化，检验时要注意界定适用条件，样本应选取结论的适用产品与人群。

二、拟线性效用函数

在效用函数的选择上，本书沿用了由 Ottaviano，Tabuchi & Thisse（2002）提出，并由 Antoniades（2008）拓展的多元二次拟线性效用函数；与传统的 CES 模型相比，该函数继承了 CES 种类偏好（Love of Variety）的特性，效用随消费产品种类数目上升而增加。而优于 CES 的是，其自身价格弹性和替代弹性随产品种类和产品价格的不同而不同，成本加成（Mark up）也并非常数，这使得均衡价格将取决于市场特征和消费者特征。该二次函数的基准模式为：

$$U(q_0；q(i)，i \in (0，N)) = \alpha \int_0^N q(i) \, \mathrm{d}i - \frac{\beta - \gamma}{2} \int_0^N [q(i)]^2 \mathrm{d}i -$$

$$\frac{\gamma}{2} \left[\int_0^N q(i) \right]^2 + q_0 \qquad\qquad (3.1)$$

$q(i)$ 是差异化产品种类 i 的消费量，q_0 是其他产品（计价物）的消费量；α 是偏好强度参数，$\beta > \gamma$ 时都满足种类偏好（Love of Variety）的特性

(当消费种类数取值为 N 时，效用达到最大值)，γ 代表差异化产品种类间的替代弹性，且 γ 越大，种类之间的可替代性越强。计价物的设置消除了收入效应对差异化产品消费的影响，收入的上升都转化为对计价物的消费（Ottaviano，Tabuchi & Thisse，2002）。Antoniades（2008）在此基础上进一步设置，令效用取决于产品质量与数量的交互项，将产品质量高低纳入消费量的决定中。本书进一步引入质量偏好强度，而不同偏好强度会增强或减弱不同消费者对质量的评价（支付意愿）。根据消费行为理论，我们将支付意愿假设为相对收入的函数。

三、异质性消费者

在 Ottaviano，Tabuchi & Thisse（2002）和 Antoniades（2009）的文章中，消费者仍是同质的，并未涉及偏好异质性问题，纳入这种异质性使得本书的总需求函数（将所有消费者对某一产品 i 的需求加总）进入等级需求函数（Hierachic Demand Function）的范畴（Jackson，1984），即消费集随收入变动而变化，进入消费集的产品次序取决于价格和效用函数中的参数，而不像 CES 需求和 Ottaviano，Tabuchi & Thisse 需求中，消费的产品种类 N 是固定不变的。本书通过加入异质性消费者这一元素拓展了该效用函数的解释范围：在本书中，由于消费者质量偏好（相对收入）不同，针对某一产品 i 而言，其消费群体（消费者集）大小随一国收入分配情况而变化；这使得对某一产品而言，其需求情况不仅取决于一国总收入，还取决于该国的收入分配均衡情况。

在对异质性消费者的处理上，Lu（2010）对本书有很大影响。该文将一国消费者按劳动力禀赋（继而收入高低）分为三个等级，而各级消费者对差异化产品的需求不同，为 $X_{ij}(l_k, \varphi)$，由此将市场需求细化，以不同的准入生产率为划分依据，使各个生产率的厂商面临的需求不同。但 Lu（2010）的关注点在于产品种类（Variety），而并非质量；在该文中产品之间的区别仅在于单一的价格维度，并未涉及质量差异。

（一）质量偏好强度

本书对异质性消费者偏好强度的构成源自 Perloff & Salop（1985）的文章。在该文中，均衡价格取决于偏好强度 $\beta(p = c + \beta/M)$，消费者对不同品种的产品偏好强度不同（另一种形成消费者不同偏好的方法是空间竞争，Habit Formation），本书正是将 β 作为收入（资产）的函数，形成本书的偏好模式。Hallak（2006）将质量偏好强度的作用引入贸易理论，以质量偏好为桥梁，解释了人均收入对贸易模式的影响。强调人均收入（而非总收入）高低决定国家对产品质量的支付意愿（即质量偏好强度）；因此收入水平越相似的国家，需求与供给的产品相似度越高，在产业内贸易中两国的贸易额越大。Parks & Barten（1973）的文章则为这种偏好强度设置的合理性提供了依据。该文将人口特征变量（Demographic Variables）引入需求行为中，利用人口年龄的结构解释国家之间消费行为的差异；实证得到人口结构对最低消费门槛具有较强的解释能力，但对边际消费倾向解释力不大，并指出收入分配将是解释边际消费倾向变化的重要元素。该文使需求函数的决定超越了价格和收入变量，而加入了人口特征变量，为本书在效用函数中引入收入分配（不同收入水平上的人口比例）的合理性提供了实证和理论依据。本书在消费者偏好上的设置颇受 Funk（1996）文章的启迪。在该文中，Funk 假设富人对低质量产品的需求具有厌足性，这使得对低质量产品部门的发展不如对高质量产品的创新有利可图，由于利润决定了未来投资的方向，高质量部门的资源投入上升，技能劳动力的工资率上升，因而贫困持续。该文在边际效用的假设上使用消费水平加以界定，而并未直接使用收入水平。本书在富人对高质量产品具有厌足性假设的思路源于 Funk。

在具体的收入差异表达上，本书沿用了 Zweimuller（1999）在文章中的设置。该文将异质性消费者仅划分为贫、富两个等级，用各自资产与平均资产之比作为衡量收入高低的指标，并假设贫、富比例分别为 β 和 $1-\beta$，这样可以得到 $\beta d_p + (1 - \beta)d_R = 1$ 的关系，从而大大方便了更细化的研究。在 Zweimuller 的文章中，收入差距扩大使创新的现值下降，因而得出收入分配均等化可以增加创新的结论。但该文中的创新是指削减成本的技术创新，而非提高产品质量的创新，产品之间没有质量差异，且收入差异带来的是消费时间的贴现，与本书机制并不相同。

（二）非同位需求

研究非同位偏好对贸易模式影响的文献也是本书思路的一大来源。如 Kugler & Zweimuller（2005）放松了南—北贸易研究中单位收入弹性的假设而使对创新产品的消费取决于收入分配，使得收入差距通过需求这一渠道影响贸易量，结论指出高度的收入不均衡将降低双边贸易流量。而 Saure（2009）通过假设有界的边际效用得出非同位偏好，使得生产率的提高可以引致消费者购买更昂贵的产品种类，产生了新种类边际（New Variety Margin），因而得出生产率上升增加贸易份额的结论。类似的文献还有 Kehoe & Ruhl（2009），用实证方法证明了新产品边际在双边贸易流量中的重要性；Arkolakis（2008）则通过将边际成本内生化，得到新消费者边际，并证明贸易自由化带来的贸易量的上升主要在于自由化之前贸易较少的产品，从另一角度证实了 Kehoe & Ruhl 的结论。Simonovska（2010）则用非同位偏好解释了贸易价格中收入较高国成本加成更高的现象。以上研究都强调了需求方在贸易模式中的重要性，肯定了收入通过影响需求在贸易中起到的重要作用，为本书从需求出发的视角提供了理论基础。

四、收入分配影响消费行为的相关现实论据

在相关实证研究中，以下与本书相关的研究结论也为本书的模型设置提供了来自现实经济世界的实证支持。这些实证研究主要从市场竞争环境的角度研究出口价格与进出口国特征的关系，可以分为两类：一类研究进出口国收入水平对出口价格的影响；另一类研究经济地理因素对出口价格

的影响。而由于出口价格是出口产品质量的近似，我们可以把较高的出口价格水平视为一国较高的出口产品质量。Simonovoska（2010）证实价格需求弹性与一国人均收入水平成反比，即人均收入水平高的国家，成本加成高。这说明出口国在收入水平高的目的地市场国获利更多。纳入异质性企业模型的框架可以推测，存在固定质量提升成本时，企业有动机对收入水平高的目的地市场的出口产品质量选择更高，因为这样的目的地市场可以凭质量差异收取更高的成本加成，更易收回固定成本。类比我们的设想，质量偏好强度高的市场（国内与国外结合）会令企业有更强的动机选择生产更高质量的产品。相关地，Hummels & Klenow（2005）得出进口国的进口产品价格与进口国收入水平呈正相关。这些研究结论都说明，出口与进口产品的质量与进出口国的收入水平相关。细化到微观的企业层面，即企业的出口质量受到本国收入水平的影响，进口的产品质量也受到本国收入水平的影响。Goldberg et al.（2009）证实，进口产品（中间品）单位价值越高，一国生产率水平提高越大；而 Manova & Zhang（2010）得出，企业根据不同目的地市场调整出口产品价格，同时调整进口的中间品质量。这些研究说明，企业的投入是随目的地市场不同而变动的，而投入品的价值正是出口产品质量的重要标准。Manova & Zhang（2010）指出，一系列实证结果可以说明，企业根据不同目的地市场调整产品质量，但具体根据哪些市场特征、其内在机制是什么，将是未来研究的方向。本书正是从内生的质量选择模型出发，以质量偏好强度为桥梁，将收入分配这一国别特征引入产品质量的决定中。

在经济地理方面，Johnson（2011）验证，出口价格与出口国市场规模呈正相关；Baldwin & Harrigan（2011）检验得出出口产品的单位价值与市场规模呈负相关，与市场距离呈正相关；Crozet et al.（2011）得出出口质量与市场规模呈负相关；Kneller & Yu（2008）验证，出口产品的单位价值与市场规模呈正相关，与市场距离呈正相关；Mayer et al.（2011）证实出口产品组成与市场竞争环境有关，竞争越激烈，产品越向企业的核心技能产品集中。以上结论并不一致，但都说明了经济地理因素引出的市场竞争激烈程度的差异会对产品质量产生影响；只是所用模型不同，令市场规模对竞争环境的作用起到相反作用。但一致的是，市场竞争越激烈，企业越有动机生产质量高的产品以获得生存空间。本书令收入分配均衡程度影响市场需求强度，影响相关产品的竞争环境，从而影响企业的质量选择。

此外，Francois & Kaplan（1996）证实不均衡的收入分配使一国对差异程度较高的产品支出份额更大，且收入弹性与产品差异程度成正比；而Khandelwal（2009）同时使用了价格和市场份额来度量质量差异，结果发现，来自发展中国家的低工资产品对就业的影响与产品质量差异化程度成反比，即低价替代品对差异化程度较高的产品的冲击较小，从另一角度证实了差异化程度较高的产品技术或资本更为密集，质量更高。Markusen（1986）的文章结合了垄断竞争、要素禀赋差异、非同位需求，解释了东—西贸易量大于南—北贸易量的现象，指出个人收入水平对需求结构具有重要影响，且收入需求弹性随产品的质量不同而不同。

综上所述，本书将质量偏好强度（支付意愿）引入质量选择的决定因素中。但与前人研究质量文献（Fajgelbaum et al.，2009 等）的不同之处在于：其一，更为微观地将支付意愿建立在异质性消费者层面上（而不是国家层面），因而一国的总体支付意愿会受到该国收入分配影响，而不仅仅是收入水平；其二，本书所强调的质量是由异质性企业内生选择而来，同时受到出口国与进口国特征的影响，而不是单一一方的作用；其三，由于质量升级具有固定成本投入的特性，企业的质量升级决定属于规模报酬的递增行为（IRS），受到市场大小影响，因而进出口国的质量支付意愿越相似，质量升级的平均成本越低，质量选择越高。这也从一个侧面佐证了 IRS 对贸易模式的影响作用。

第三节　封闭经济模型

一、模型

经济主体由消费者和厂商组成。消费者劳动性收入相同[①]，但资产收入不同，不同消费者根据其不同偏好进行效用最大化选择，得出针对不同消费集的需求函数。这一设置的理论依据来自消费者行为的研究（杨金强，2011），如将收入划分为工资收入（劳动性收入）与财富（资产性收入），有边际消费倾向与财富水平非单调的关系：当财富水平较低时，总收入上升，消费增加较大；而财富水平较高时，总收入上升，消费增量较小。边际消费倾向随财富上升，先增后减，且对风险厌恶程度较高的消费者而言，预期消费增长率与财富收入水平成反比。

厂商以劳动为唯一生产要素，生产差异化产品，面对不同消费集生产不同质量产品，并由利润最大化选择最优产品质量。在均衡状态下得出最优质量选择的表达式。

（一）消费者

消费者是异质的，按其资产收入水平不同分为两类：一类是资产收入低于平均资产收入水平者，记为 P（Poor），该类消费者的代表性偏好为：

$$U = q_0^c + \alpha \int_{i \in \Omega_p} q_i^c d_i + \alpha \int_{i \in \Omega_p} Z_i d_i - \frac{1}{2}\gamma \int_{i \in \Omega_p} (q_i^c)^2 d_i - \frac{1}{2}\gamma \int_{i \in \Omega_p} (Z_i)^2 d_i +$$

[①]　这样设置是因为在线性需求偏好中，计价物吸收了收入效应（Income Effect），所以劳动性收入的变动对差异化商品的需求不起作用。

$$\sigma_P \gamma \int_{i \in \Omega_P} (q_i^c Z_i) \, d_i - \frac{1}{2} \eta \left[\int_{i \in \Omega_P} \left(q_i^c - \frac{1}{2} \sigma_P Z_i \right) d_i \right]^2 \qquad (3.2)$$

其中，$\sigma_P = \sqrt{d_P}$，$d_P < 1$。

另一类是资产收入水平高于平均资产水平者，记为 R（Rich），该类消费者的代表性偏好与 P 类消费者相同，仅质量偏好强度因收入水平不同而不同：$\sigma_R = \sqrt{d_R}$，$d_R > 1$。其中，q_0^c 和 q_i^c 分别表示每个消费者对计价物和第 i 种产品的消费量；产品 i 的质量为 Z_i；σ_u（$u = P$，R）是消费者 u 对质量的评价，d_u 是消费者 u 的资产水平与平均资产水平之比，如记消费者 P 占消费者总数的比重为 β，则有消费者 R 占消费者比重为（$1 - \beta$），恒有

$$\beta d_P + (1 - \beta) d_R = 1 \,^{①} \qquad (3.3)$$

且由假设恒有 $d_P < 1$，$d_R > 1$；可见，富有消费者对质量的偏好强度 σ_R 随收入而上升的速率低于贫穷消费者，即偏好强度随收入而上升的速率随收入水平的升高而减缓。该假设意味着，当资产收入分配对高收入人群倾斜过大时，会降低全社会的总体质量偏好强度，不利于扩大内需[②]。

α 与 η 代表差异性产品与计价产品的替代性，γ 代表差异性产品内部种类的可替代性，所有参数均为正数。α 越高，消费者对差异化产品的相对需求越高；η 越小，消费者对差异化产品的需求越高；γ 越小，差异化程度越小，差异化产品之间的可替代性越大；当 γ 越大时，差异化程度越大，可替代性降低，因此消费在差异化产品之间的分配情况越发重要，其权重在效用中的比例越大。在此模型中，消费者的劳动性收入相同，同为 1，消费者异质于资产收入水平[③]及因此导致的对质量的不同偏好强度，因此预算约束为 $q_0^c + \int_{i \in \Omega_P} p_i q_i^c \, d_i \leqslant 1$。以消费者 P 为例，由效用最大化得出对每种差异性产品的需求函数为：

---

① 此设置方法参见 Zweimuller（1999）。

② 在庞晓林等（2011）的课题报告中指出，自 2008 年开始，中国农村居民的平均消费倾向开始超过城镇居民，城镇居民（富有消费者）的平均消费倾向恰恰呈现了先增后减的趋势。并且高收入农户的消费开始向质量型、享受型转变，代表着富裕起来的农民的消费趋向。

③ 可引申为某种不能变现为收入，但影响了消费者质量需求的因素，如有无医保、城镇户口等。

$$q_i^P = \frac{1}{\eta N_P + \gamma}\alpha - \frac{1}{\gamma}P_i + \sigma_P Z_i + \frac{\eta N_P}{(\eta N_P + \gamma)\gamma}\overline{P_P} - \frac{1}{2}\frac{\eta N_P}{\eta N_P + \gamma}\sigma_P\overline{Z_P}$$

$$(3.4)$$

因此，P 类消费者对产品 i 的总需求为：

$$\beta L \cdot q_i^P = \frac{\beta L}{\eta N_P + \gamma}\alpha - \frac{\beta L}{\gamma}P_i + \beta L\sigma_P Z_i + \frac{\beta L\eta N_P}{(\eta N_P + \gamma)\gamma}\overline{P_P} - \frac{1}{2}\frac{\beta L\eta N_P}{\eta N_P + \gamma}\cdot\sigma_P\overline{Z_P}$$

$$(3.5)$$

其中，N_P 是 P 类消费者消费差异性产品的种类数，L 是该国人口数，P 类消费者所消费产品的平均价格，

$$\overline{P_P} = \frac{1}{N_P}\int_{i\in\Omega_P}P_i d_i$$

$$(3.6)$$

$$\overline{Z_P} = \frac{1}{N_P}\int_{i\in\Omega_P}Z_i d_i$$

$$(3.7)$$

是 P 类消费者所消费产品的平均质量，Ω_P 是 P 类消费者消费的产品集。同理得出 R 类消费者对产品 i 的总需求：

$$(1-\beta)L \cdot q_i^R = \frac{(1-\beta)L}{\eta N_R + \gamma}\alpha - \frac{(1-\beta)L}{\gamma}P_i + (1-\beta)L\sigma_R Z_i +$$

$$\frac{(1-\beta)L\eta N_R}{(\eta N_R + \gamma)\gamma}\overline{P_R} - \frac{1}{2}\frac{(1-\beta)L\eta N_R}{\eta N_R + \gamma}\cdot\sigma_R\overline{Z_R}$$

$$(3.8)$$

由于 $\sigma_P \neq \sigma_R$，所以两类消费者的消费集不同，即有些产品只有 P 消费者消费，有些产品只有 R 消费者消费，而价格与质量介于这两类产品之间的产品集，P 与 R 都会消费，记 $\Omega_P \cap \Omega_R = \Omega^*$，则对 Ω^* 产品 i 的需求为 $q_i = q_P + q_R$，

$$q_i = \left(\frac{\beta}{\eta N_P + \gamma} + \frac{1-\beta}{\eta N_R + \gamma}\right)\alpha L - \frac{L}{\gamma}P_i + \tilde{\sigma}LZ_i + \tilde{P}\cdot\frac{\eta}{\gamma}L - \tilde{Z}\cdot\frac{\eta L}{2}$$

$$(3.9)$$

其中，

$$\tilde{\sigma} = [\beta\sigma_P + (1-\beta)\sigma_R]$$

$$(3.10)$$

可视为对质量的加权偏好强度；

$$\tilde{P} = \left[\frac{\beta N_P}{\eta N_P + \gamma} \overline{P_P} + \frac{(1 - \beta) N_R}{\eta N_R + \gamma} \overline{P_R} \right] \tag{3.11}$$

是产品种类加权的平均价格；

$$\tilde{Z} = \left[\frac{N_P \beta \sigma_P}{\eta N_P + \gamma} \overline{Z_P} + \frac{(1 - \beta) N_R \sigma_R}{\eta N_R + \gamma} \overline{Z_R} \right] \tag{3.12}$$

是由产品种类与偏好强度加权的平均质量。

可见对第 i 种产品的需求与其价格和质量呈线性关系：价格上升，需求下降；质量上升，需求上升；而给定第 i 种产品的质量与价格，如果平均价格较高，对其需求上升，如果平均产品质量较低，则对其需求也会上升。

（二）厂商

劳动力为唯一生产要素。与基准 Melitz（2003）模型不同的是，同一产业内的厂商所面临的消费者存在异质性——在同一产业内形成了分割的市场竞争环境。我们假设厂商在支付固定准入成本 f_E 之前就能辨别自己面临的消费者群体（即市场环境），且针对各个消费群体生产的期望利润都是 0，因此在支付准入成本时，厂商对不同市场（消费者群体）无差异；在支付准入成本后，获知自己的生产率，然后根据生产率高低转移到可获利最高的市场环境（消费群体）。关键在于，各个市场的准入成本具有可替代性，即当厂商支付过准入成本而得知自己的生产率后，从一个市场环境转移到另一个市场环境时，不必再重复支付准入成本 f_E（这也符合同一产业，前期投入相似的现实情况①）。如果厂商获得了较高的生产率，会自动转移到对其而言获利最高的市场（质量偏好越高的市场，对生产率高者越有获利性），因而均衡后，生产率最高者面对 R（Rich）类消费者生产，生产率较低者面对 P（Poor）类消费者生产，生产率居中者同时

---

① 针对低收入水平消费者的厂商期望利润较低，因而其固定准入成本较低，同理，针对高收入水平消费者的厂商，其固定准入成本较高，但此处区分准入成本对分析结果无影响，所以暂时假定面对各个消费群体的厂商准入成本同为 f_E。

面对两类消费者生产，而生产率最低者最终退出市场。针对某一消费群体的生产商支付固定准入成本 f_E 后，随机抽得其边际成本（生产率）c，$c \in [0, c_M]$，服从分布 $G(c)$；抽得较高 c（低生产率）的厂商立即退出，抽得较低 c 的厂商进行生产，并选择产品质量 Z_i，其总成本为（Antoniades，2008）：

$$TC_i = c_i q_i + f_Z I_Z + \theta (Z_i)^2 \tag{3.13}$$

质量生产的固定成本 f_Z 对生产 Ω_P 产品的厂商为 f_Z^P，对生产 Ω_R 产品的厂商为 f_Z^R，且有：

$$f_Z^P < f_Z < f_Z^R \tag{3.14}$$

可变成本 θZ_i^2 随所生产质量的升高而上升；假设厂商的创新能力（θ）相同，厂商仅异质于生产率（边际成本 c），且 c 不随质量选择而改变。I_Z 是质量是否升级的二元变量：厂商决定质量升级，则 I_Z 取值为 1，引致质量生产的固定成本 f_Z；如厂商不进行质量升级，I_Z 取值为 0。质量生产的可变成本 θZ_i^2 随所生产质量的升高而上升；假设厂商的创新能力（θ）相同，厂商异质于生产率（边际成本 c），且 c 不随质量选择而改变。

厂商进行三个阶段的优化：第一阶段，给定 Z_i，厂商选择价格以最大化经营利润，有：

$$p_i = \frac{1}{2}(c_D + c) + \frac{1}{2}\gamma \tilde{\sigma} Z_i \tag{3.15}$$

$$q_i = \frac{L}{2\gamma}(c_D - c) + \frac{L}{2}\tilde{\sigma} Z_i \tag{3.16}$$

$$r_i = \frac{L}{4\gamma}(c_D^2 - c^2) + \frac{L}{2}\tilde{\sigma} Z_i c_D + \frac{\gamma L}{4}\tilde{\sigma}^2 Z_i^2 \tag{3.17}$$

$$\pi_i = \frac{L}{4\gamma}(c_D - c)^2 + \frac{L}{2}(c_D - c)\tilde{\sigma} Z_i + \frac{L\gamma}{4}\tilde{\sigma}^2 Z_i^2 - f_Z I_Z - \theta Z_i^2 \tag{3.18}$$

$$\mu_i = \frac{1}{2}(c_D - c) + \frac{1}{2}\gamma \tilde{\sigma} Z_i \tag{3.19}$$

其中，p_i，q_i，r_i，π_i，μ_i 分别是第 i 种产品在均衡状态下的价格、需

求量、收入、利润和成本加成。c_D 为边际成本门槛：抽得 $c > c_D$ 的厂商退出，$c < c_D$ 者生产，$c = c_D$ 者利润为 0；以 Ω^* 中的产品 i 为例，由 $q_i = 0$ 可得

$$c_D = \alpha\gamma\left(\frac{\beta}{\eta N_P + \gamma} + \frac{1-\beta}{\eta N_R + \gamma}\right) + \tilde{P}\eta - \frac{\eta\gamma}{2}\tilde{Z} \tag{3.20}$$

第二阶段，厂商选择质量以利润最大化，得到

$$Z_i^* = \frac{L\tilde{\sigma}}{4\theta - L\gamma\tilde{\sigma}^2}(c_D - c) = \lambda(c_D - c) \tag{3.21}$$

其中，$\lambda = \dfrac{L\tilde{\sigma}}{4\theta - L\gamma\tilde{\sigma}^2}$ \hfill (3.22)

可将 λ 看做给定企业生产率 c 时，质量相对于生产率的提升速率：λ 越高，对于同一生产率的厂商而言，其选择的质量提升幅度越大。从 (3.22) 式所表达的关键参数与最优质量之间的关系，可以得到本模型的一个性质：

定理 1：厂商对产品的最优质量选择随加权偏好强度上升（$\tilde{\sigma}\uparrow$）而上升，随厂商生产率上升（$c\downarrow$）而上升；且市场规模越大（$L\uparrow$），$\tilde{\sigma}\uparrow$ 的作用越大。λ 是质量（相对于生产率）的提升速率。

该性质体现了偏好强度对企业产品质量的关键作用：质量提升速率与整体质量偏好强度成正比。这一性质与 Antoniades（2008）的结果相同之处是，质量提升速率由市场规模、创新能力、产品差异化程度决定——市场规模越大、企业创新能力越强、产品差异化程度越高[1]，该质量提升速率越大。而与 Antoniades（2008）的区别在于质量偏好强度的引入：整体质量偏好强度[2]也会对质量选择产生影响。这是由于本模型中引入了异质性消费者，消费者因收入不同，对质量的支付意愿不同，因而收入分配会

———————————

[1]　意味着产品可替代性较低，质量提升的获利空间较大。

[2]　线性需求函数的价格需求弹性并非常数，而是随价格变化，由 $p_{max} = c_D + \gamma\tilde{\sigma}Z_i$ 可知，质量偏好强度增加，p_{max} 上升，对于任一产品 i 而言，价格需求弹性降低，成本加成增大，即获利空间上升，所以质量提升速率升高。

通过影响偏好强度，影响质量选择。通过这一拓展，本模型说明了一国的收入分配状况会影响到该国产品的质量水平。在现实的经济情况中，Johnson（2011）提及一国的出口产品质量与该国收入水平成正比，这说明一国产品质量水平受到了该国某些国别特征的影响；在本模型中，我们强调的是收入分配这一国别特征。

同理，对仅由 P 类消费者消费的产品（$\hat{\Omega}_P = \Omega_P - \Omega^*$）而言，有

$$p_j = \frac{1}{2}(c_D^P + c) + \frac{1}{2}\gamma\sigma_P Z_j, \quad Z_j^{P*} = \lambda_P(c_D^P - c), \quad \lambda_P = \frac{\beta L\sigma_P}{4\theta - \beta L\gamma{\sigma_P}^2}$$

$$(3.23)$$

对仅由 R 类消费者消费的产品（$\hat{\Omega}_R = \Omega_R - \Omega^*$）而言，有

$$p_j = \frac{1}{2}(c_D^R + c) + \frac{1}{2}\gamma\sigma_R Z_j, \quad Z_j^{R*} = \lambda_R(c_D^R - c), \quad \lambda_R = \frac{(1-\beta)L\sigma_R}{4\theta - (1-\beta)L\gamma{\sigma_R}^2}$$

$$(3.24)$$

σ_u，c_D^u，Z_j^{u*}，λ_u（$u = P$，R）分别是消费者 u 的质量偏好强度，只面对消费者 u 的生产商的生产门槛，其最优质量选择与质量提升速率。由于 $\sigma_P = d_P < 1$，所以有 $c_D^P > c_D$。λ 越高，对于同一生产率的厂商而言，其选择的质量提升幅度越大；而这一速率 λ 由市场规模 L、创新能力 θ、产品差异化程度 γ 和整体质量偏好强度 $\tilde{\sigma}$ 决定——市场规模越大、企业创新能力越强（θ 低）、产品差异化程度越高（意味着产品可替代性较低，质量提升的获利空间较大）、整体质量偏好强度越大，该质量提升速率越高。而给定某一市场条件决定的 λ，企业自身相对生产率越高（与 c_D 相比，c 越低），其最优质量选择越高。

第三阶段，厂商比较 $\pi(c, 0)$ 和 $\pi(c, Z^*)$，如果 $\pi(c, 0) < \pi(c, Z^*)$，则选择质量生产，反之，选择 $Z_i^* = 0$，即不进行质量生产。由 $\pi(c, Z_i) = \pi(c, 0)$ 得：

$$c_Z = c_D - \left(\frac{4f_Z}{\lambda L\tilde{\sigma}}\right)^{\frac{1}{2}}$$

$$(3.25)$$

可见质量门槛 c_Z 低于生产门槛，会有一部分厂商（$c_Z < c < c_D$）仅生产，但不选择质量升级；并且，整体质量偏好强度 $\tilde{\sigma}$ 越高，质量门槛越高（意味着条件越宽松），有更多的厂商选择质量升级，令产品平均质量上升。

以上分析针对普通消费品的生产厂商。同理，对于仅针对低收入消费者的厂商和仅针对高收入消费者的厂商而言，各自有质量生产门槛低于生产门槛，即进行质量生产的厂商，生产率要求更高。由于厂商可自由选择市场环境，而低端产品质量偏好强度最弱，获利空间最低，奢侈品质量偏好强度最强，获利空间最大，因此均衡时若各类厂商共存，则必有生产低端产品的生产率门槛最宽松，生产奢侈品的生产门槛最严格，生产普通产品的生产门槛居中，即随着质量偏好的增加，生产门槛逐渐收紧。根据质量异质性企业模型的基本原理，越是生产率高的厂商，生产高质量对其而言获利越多，而本模型中消费者异质性所形成的差异性竞争环境对厂商形成了分类，因此可以总结出本模型的另一个特点：

$$c_D^P > c_D > c_Z > c_D^R \tag{3.26}$$

由左至右依次为 $i \in \hat{\Omega}_P$ 时的生产门槛，$i \in \Omega^*$ 时的生产门槛，$i \in \Omega^*$ 时的质量生产门槛，$i \in \hat{\Omega}_R$ 时的生产门槛。而由（3.23）式、（3.24）式可知质量生产门槛与该类产品面临的质量偏好强度成正比；为简化分析，假设 $c_Z^R < c_D^R < c_Z < c_D < c_Z^P$（放宽这一假设对结果无影响），即各类生产部门内存在各自的质量生产门槛。

由此得定理 2。

定理 2：在均衡状态下，某一生产差异化产品的行业内，如果以下三类厂商共存：① 只面对 P 类消费者生产；② 只面对 R 类消费者生产；③ 同时面对两类消费者生产。那么第一类厂商生产率最低，第二类厂商生产率最高，第三类厂商生产率居中。各类生产部门内存在各自的质量生产门槛。

本模型的这一性质体现出竞争环境对厂商生产率分布的能动作用：不

同的偏好强度，决定了该环境中存活厂商的生产率高低。偏好强度高的竞争环境竞争激烈，对厂商的生产率要求最高，厂商的最优质量选择也最高，所以偏好强度的分布影响了行业整体生产率水平。由于引入了异质性消费者，本模型中同一行业内的市场也存在分割，这一性质令需求可直接影响厂商的存活，从而影响行业生产率。这一机制在现实经济情况中有很多实证支持，如 Mayer et al.（2011）发现，市场竞争环境对企业生产率有着很强的影响作用，竞争越激烈的市场，厂商生产率越高；Crozet et al.（2012）则证实了产品质量与竞争激烈程度成正比。这些实证结果从不同侧面支持了本模型的性质：竞争环境、产品质量和厂商生产率之间存在着紧密联系。

（三）自由进入条件

均衡状态时，厂商自由进入（退出）该行业，因此有期望利润为 0，以 $i \in \Omega^*$ 的产品为例，有

$$f_E = \int_0^{c_D} \pi(c, 0) \, \mathrm{d}G(c) + \int_0^{c_z} [\pi(c, Z) - \pi(c, 0)] \, \mathrm{d}G(c) - \int_0^{c_z} f_z \mathrm{d}G(c)$$

(3.27)

由该条件得出 c_D。对于第一类和第二类厂商而言，也有类似等式（同一产业内的厂商所面临的消费者存在异质性，消费者群体对市场环境形成了分割。假设厂商在支付固定准入成本 f_E 之前就能辨别自己面临的消费者群体。由于针对低收入水平消费者的厂商期望利润较低，因而其固定准入成本较低，同理，针对高收入水平消费者的厂商，其固定准入成本较高，但此处区分准入成本对分析结果无影响，所以暂时假定面对各个消费群体的厂商准入成本同为 f_E）。随着 c_D、c_D^P、c_D^R 的变化，厂商在不同竞争环境中转移，实现资源整合。例如，提高 P 类消费者的相对收入会同时提升第一类和第三类厂商的质量选择，并使一部分厂商转移到这部分市

场，同时降低第二类厂商的质量选择①；降低 P 类消费者的比例会淘汰相应的低端产品生产厂商，等等。

二、经济含义

这部分关于本国（封闭）经济的结论主要有两方面：一是企业如何选择质量生产——最优质量选择与一国总体（加权）质量偏好强度成正比，而总体质量偏好由收入分配均衡程度决定（具体影响将在第四部分说明）；二是均衡时，不同质量偏好使得该国各种生产率水平的厂商得以共存——生产率越高者选择生产的质量越高。

第四节　开放经济模型（两国）

一、模型

这部分将模型拓展为开放经济，引入贸易成本 τ。通过封闭与开放经济模型的对比，说明贸易对象国（目的地）市场特征对本国出口产品质量与生产率的影响；同时考察贸易自由化（$\tau \downarrow$）与偏好强度的互动对出口质量的影响。

（一）消费者

将模型拓展到两个贸易国，本国（H）和外国（F），两国分别有 L^H 和 L^F 消费者，假设两国消费者有相同偏好，无劳动力流动。则任一国对

---

① 对行业整体影响取决于各类厂商的分布情况。

产品 $i \in \Omega^*$ 的需求为：（ $l = \{H, F\}$ ）。

$$q_i^l = \left(\frac{\beta^l}{\eta N_P^l + \gamma} + \frac{1 - \beta^l}{\eta N_R^l + \gamma} \right) \alpha L - \frac{L^l}{\gamma} P_i^l + \tilde{\sigma}^l L^l Z_i + \frac{\eta}{\gamma} L^l \tilde{P}^l - \frac{\eta L^l}{2} \tilde{Z}^l$$

$$(3.28)$$

N_u^l 是 l 国 u 类消费者消费的产品种类，β^l 是 l 国 P 类消费者的比重，$\tilde{\sigma}^l$，$\tilde{P}^l$，$\tilde{Z}^l$ 分别是两国因两类消费者分布不同而不同的加权偏好强度、加权平均价格和加权平均质量。l 国内有 N^l 个厂商经营，包括 l 国内厂商与对方贸易国的出口商。暂时假设厂商对出口产品和本国销售产品选择相同质量。

（二）厂商

出口存在固定成本，因此仅生产率足够高的厂商进行出口。厂商对出口产品与国内销售产品的质量选择相同，但在两国定价不同。每单位产品向 l 国运输的成本为 τ^l，则对 l 国的厂商而言，在国内和出口销售的经营利润（不计出口固定成本和质量升级成本）分别为：

$$\pi_D^l = (p_D^l - c) q_D^l \tag{3.29}$$

$$\pi_X^l = (p_X^l - \tau^h c) q_X^l \tag{3.30}$$

h 代表出口目的地国。

利润最大化有（对产品 $i \in \Omega^*$ 而言）：

$$q_D^l = \frac{L^l}{\gamma} (p_D^l - c) \tag{3.31}$$

$$q_X^l = \frac{L^h}{\gamma} (p_X^l - \tau^h c) \tag{3.32}$$

生产门槛分别为：

$$c_D^l = p^l \tag{3.33}$$

$$c_X^l = \frac{p^h}{\tau^h} = \frac{c_D^h}{\tau^h} \tag{3.34}$$

假设质量门槛小于出口生产门槛（ $c_Z < c_X$ ），则对产品 $i \in \Omega^*$ 而言，

（省略脚标 i）经营利润可表示为：

$$\pi_D^l = \frac{L^l}{4\gamma}(c_D^l - c)^2 + \frac{L^l}{2}(c_D^l - c)\,\tilde{\sigma}^l Z + \frac{L^l\gamma}{4}(\tilde{\sigma}^l)^2 Z^2 \tag{3.35}$$

$$\pi_X^l = \frac{L^h}{4\gamma}(c_X^l - c)^2 \cdot (\tau^h)^2 + \frac{L^h}{2}(c_X^l - c)\,\tilde{\sigma}^h Z \cdot \tau^h + \frac{L^h\gamma}{4}(\tilde{\sigma}^h)^2 Z^2 \tag{3.36}$$

则对边际生产成本为 c 的厂商而言，总利润为：

$$\pi^l = \pi_D^l + \pi_X^l - f_z I_z - \theta^l Z^2, \tag{3.37}$$

因此，利润最大化的质量选择为：

$$Z^* = \lambda_D^l(c_D^l - c) + \lambda_X^l(c_X^l - c) \tag{3.38}$$

$$\lambda_D^l = \frac{L^l \tilde{\sigma}^l}{4\theta^l - (L^l \tilde{\sigma}^{l2} + L^h \tilde{\sigma}^{h2})\gamma} \tag{3.39}$$

$$\lambda_X^l = \frac{\tau^h \cdot L^h \tilde{\sigma}^h}{4\theta^l - (L^l \tilde{\sigma}^{l2} + L^h \tilde{\sigma}^{h2})\gamma} \tag{3.40}$$

与封闭经济类似，求解质量生产门槛，为方便求解，假设 $c_D^l = c_X^l$，得到：

$$c_Z^l = c_D^l - \left(\frac{f_z}{A}\right)^{\frac{1}{2}} \tag{3.41}$$

$$A = \frac{\gamma}{4}\left[L^l(\tilde{\sigma}^l)^2 + L^h(\tilde{\sigma}^h)^2 - \frac{4\theta}{\gamma}\right](\lambda_D^l + \lambda_X^l)^2 + \frac{1}{2}(L^l\tilde{\sigma}^l + L^h\tilde{\sigma}^h\tau^h)(\lambda_D^l + \lambda_X^l) \tag{3.42}$$

1. 目的地市场特征的影响

由 (3.38) 式、(3.39) 式、(3.40) 式综合分析可见，厂商的最优质量选择与加权质量偏好成正比，并且质量生产门槛随加权质量偏好强度的提高而放宽，得到定理 3。

定理 3：① 在开放经济中，对方贸易国的加权质量偏好强度越大（$\tilde{\sigma}^h \uparrow$），使得本国厂商质量选择越高（$Z^* \uparrow$）、质量提升速率越大（$\lambda^l \uparrow$）；

而给定对方国，本国对质量的加权偏好强度越大（$\tilde{\sigma}^l \uparrow$），本国厂商的质量选择和质量提升速率也会增大（$Z^* \uparrow$、$\lambda^l \uparrow$）。② 本国厂商的质量生产门槛随本国和贸易伙伴国的质量加权偏好强度的提高而放宽：$\tilde{\sigma}^h \uparrow$（或 $\tilde{\sigma}^l \uparrow$），$c_Z^l \uparrow$。即给定本国生产率水平，加权偏好强度的提高使更多厂商选择质量生产，出口产品的平均质量水平提高。

可见，当给定本国的创新能力、市场规模后，对方贸易国的选择仍然会影响本国厂商对产品质量的选择：与一个比本国更大、对质量的加权偏好更强的国家贸易，可提升本国质量升级的速率和质量生产规模。在现实经济情况中，Manova & Zhang（2009）发现，企业产品单位价值随不同出口目的地市场而变化，这暗示着产品质量随目的地特征而发生变化。本模型则为这一现象的原理提供了一个可能的解释：目的地市场质量偏好的差别影响了企业的质量选择。

2. 贸易自由化

如将（3.38）式写为：

$$Z^* = \lambda_D^l (c_D^l - c) + \lambda_X^l \left(\frac{c_D^h}{\tau^h} - c \right) \tag{3.43}$$

与（3.40）式结合，可得 $Z^* \propto \dfrac{1}{\tau^h}$，由此得定理 4。

定理 4：贸易自由化（$\tau^h \downarrow$）可提高本国厂商的质量选择（$Z^* \uparrow$），且 $\tilde{\sigma}^h$ 或 $\tilde{\sigma}^l$ 越大，$\tau^h \downarrow$ 对 $Z^* \uparrow$ 的影响越大。

（三）自由进入条件

在均衡状态下，厂商的期望利润为 0，所以有：

$$f_E = \int_0^{c_D^l} \pi_D^l(c) \, \mathrm{d}G(c) + \int_0^{c_X^l} \pi_X^l(c) \, \mathrm{d}G(c) \tag{3.44}$$

二、经济含义

这部分的结论说明，目的地市场国的总体质量偏好影响着本国出口质量的调整，而该质量偏好的作用对市场规模越大的国家越明显。该结论的经济意义是，即使本国的创新能力等因素未发生改变，对贸易伙伴的选择也可以影响本国的出口质量进而影响本国生产率。并且，L^l（或 L^h）越大，$\tilde{\sigma}^h \uparrow$（或 $\tilde{\sigma}^l \uparrow$）的作用越大；$c_D^h$（或 c_D^l）越大，$\tilde{\sigma}^h \uparrow$ 的效果越大；θ^l 越小，$\tilde{\sigma}^h \uparrow$（或 $\tilde{\sigma}^l \uparrow$）的影响越大。即对市场规模越大、生产准入条件越宽松、创新能力越高的国家，加权偏好强度的提高越重要。

更为重要的是，内需市场对质量偏好的上升有利于更多企业选择质量升级。即给定一国厂商的生产率分布状况，本国加权质量偏好强度的上升会令更多厂商选择质量生产，从而提高一国出口产品的平均质量水平。其原理是，偏好强度的上升令质量升级的利润空间提高，质量升级的固定成本更易收回，因此厂商更有激励选择质量生产。同时，本国的总体质量偏好也对本国出口产品质量的提升速率有影响，说明内需对出口有着不可忽视的拉动作用。为稳定出口，我们也不应忽视内需的作用。

另外，质量偏好强度对贸易自由化有强化作用，总体质量偏好大的国家，在贸易自由化中的获利（生产率提高）更大。

第五节 参数化——均衡收入分配的作用

以上结论建立了总体质量偏好与出口质量的关系，而并未具体说明收入分配对一国生产率的直接影响。将边际成本的分布 $G(c)$ 参数化可以解出较简单的 c_D、$\bar{Z}$、$\bar{\mu}$ 等的表达式，从而更直观地理解资产收入分配均衡化与一国生产率、一国厂商质量选择的关系。为简化计算，令质量提高的固定成本 $f_Z = 0$（意味着所有厂商都选择质量生产）。由于该部分我们只关注本国收入分配水平对本国产品质量选择和资源配置的影响，因而只关注封闭经济情形。

假定 c 服从帕累托分布：$G(c) = \left(\dfrac{c}{c_M}\right)^K$，$c \in [0, c_M]$。

一、模型参数化

由（3.20）式、（3.21）式、（3.27）式可得，

$$c_D = \left[\frac{\gamma\phi}{L(1 + 2\gamma\lambda\tilde{\sigma} + \gamma^2\tilde{\sigma}^2\lambda^2)}\right]^{\frac{1}{K+2}} \tag{3.45}$$

$$c_D^P = \left[\frac{\gamma\phi}{\beta L(1 + 2\gamma\lambda_P\sigma_P + \gamma^2\sigma_P^2\lambda_P^2)}\right]^{\frac{1}{K+2}} \tag{3.46}$$

$$c_D^R = \left[\frac{\gamma\phi}{(1 - \beta)L(1 + 2\gamma\lambda_R\sigma_R + \gamma^2\sigma_R^2\lambda_R^2)}\right]^{\frac{1}{K+2}} \tag{3.47}$$

$$\bar{c} = \frac{K}{K + 1}c_D \tag{3.48}$$

其中，$\gamma\phi = 2f_E(K + 2)(K + 1)c_M^K$；$\lambda$、$\lambda_u$ 是各类厂商的质量提升速率（质量—成本线的斜率）。由（3.23）式、（3.24）式可见，λ（λ_u）随一国市场（该类消费者比例）的增大（$L\uparrow$）、一国加权质量偏好强度（该类消费者质量偏好强度）的上升（$\tilde{\sigma}\uparrow$）、一国创新能力的上升（$\theta^l\downarrow$）而上升；由（3.45）式、（3.48）式可见，λ 的提高会降低生产门槛，从而提高一国平均生产率 $\bar{c}$。

现在我们来分析加权质量偏好强度（$\tilde{\sigma}$）与资产收入分配（d_P、β）的关系。

由 $\tilde{\sigma} = \beta\sigma_P + (1 - \beta)\sigma_R$ 及 σ_P 与 σ_R 的定义可知，当 β 不变时，提高贫困消费者的财富水平 d_P，会提升整体偏好强度 $\tilde{\sigma}$，即

当 $d_P < 1$ 时，恒有

$$\frac{d\tilde{\sigma}}{d(d_P)} > 0 \tag{3.49}$$

且恒有（当 d_P 满足 $(1 - d_P)^2 > 0$ 时）

$$\frac{d\tilde{\sigma}}{d\beta} < 0 \qquad (3.50)$$

同时恒有

$$\frac{d\sigma_R}{d(d_R)} > 0 \qquad (3.51)$$

更为均衡的资产收入分配意味着 $d_P\uparrow$（穷人资产收入上升）或 $\beta\downarrow$（穷人比例下降）。

（一）提高穷人资产收入水平

可见，提高 d_P（β 不变）使 $\tilde{\sigma}$ 上升，由（3.45）式得出，λ 上升，c_D 下降，由（3.48）式得出，$\bar{c}$ 下降，且由（3.23）式、（3.24）式、（3.46）式、（3.47）式得到 λ_P 上升、c_D^P 下降、λ_R 降低、c_D^R 提高，由此得定理5。

定理5：提高 P 类（穷人）消费者的资产收入水平将提高加权质量偏好强度，从而降低生产门槛（$c_D\downarrow$）并提高质量提升速率（$\lambda\uparrow$）。这意味着对生产率较低的两类厂商（仅面对 P 类消费者的生产商、同时面对两类消费者的生产商）而言，其最低生产率者被淘汰。对于生产率最高厂商，其质量提升速率放缓，但准入门槛放宽，生产扩张，社会资源配置优化，此时全社会的平均生产率得到提升（$\bar{c}\downarrow$）。

该定理的含义是，财富分配的改变在改变偏好强度水平的同时，也改变了财富的利用效率——R 类消费者的偏好强度高于 P 类，但升速低于后者；收入差距过大会抑制升速更高人群偏好强度的提高，因而总体财富利用效率低。在现实经济情况中，这可以从另一角度解释为何收入差距过大，会阻碍经济发展：这是由于收入差距超过一定范围时，财富的利用效率降低。

（二）降低穷人比例

当 d_P 不变，β 变化时，恒有 $d\tilde{\sigma}/d\beta < 0$。由（3.50）式，$\beta$ 降低使 $\tilde{\sigma}$

上升、λ 提高、c_D 下降；λ_P 降低、λ_R 上升、c_D^P 提高、c_D^R 下降。由此得定理6。

定理6：降低穷人比例，使生产率较高的两类厂商生产门槛收紧、质量提升速率上升；全社会平均生产率仍可提升（$\bar{c}\downarrow$）。

二、经济含义

由以上分析可见，一国资产收入水平分配的均衡程度（$d_P\uparrow$ 或 $\beta\downarrow$）会影响该国平均生产率水平与该国厂商质量选择的提升速率：一国维持较均衡的资产收入分配水平有利于提高该国（加权）质量偏好强度（$\tilde{\sigma}\uparrow$、$\sigma_P\uparrow$），这将使竞争更加激烈，使厂商有动机选择质量更高的产品；而生产门槛的收紧使低效者退出，提高了该国的平均生产率。但 R 类消费者收入的降低会同时降低生产率最高厂商面临的质量偏好强度 σ_R：一方面令其准入门槛放宽，社会资源更多转移到该部门；另一方面也令其质量提升速率放缓。但因其本身已是质量选择水平最高部门，因此对行业产品平均质量的影响仍是正向的；但评估对行业生产率的影响时，则需综合考虑该类厂商在行业生产结构中的比重（行业生产率的真实分布情况）。但就中国情况而言，这类厂商多为富有人群消费的奢侈品生产商，占行业生产比例较小，其质量提升速率放缓对行业生产率的影响有限。

$d_P\uparrow$ 对第二类厂商的影响（定理5中）的另一个含义是，当仅面对富有消费者生产的部门已被进口商（国外生产商）占领时，通过调整消费者收入水平带来的收入分配均衡可以降低对高端消费品的进口需求，该部门顶端产品的质量提升速率将放缓。

另外，尽管 $d_P\uparrow$（提高 P 类消费者收入）与 $\beta\downarrow$（减少 P 类人口）都可令第三类厂商（占比最大部门）质量提升速率上升并淘汰生产率低者，但通过降低 P 类消费者的比例所致的收入分配均衡（$\beta\downarrow$）效果具有两面性。尽管 $\beta\downarrow$ 使生产率较高者提高了质量升级速率，但同时令高效厂商生产收缩而低效厂商生产扩张，资源配置效率降低。相比而言，$d_P\uparrow$ 则可令高效厂商生产扩张，提高资源配置效率。

综上所述，本书模型为各国生产率水平的差异提供了另一个解释的可能：各国消费者资产收入水平的均衡程度影响了各国平均生产率水平。这一结论是对前人理论的继承和完善。前人对国别的市场特征主要强调的是市场规模（L^h）与创新能力（θ）；本书在此基础上增加了一个维度：一国的资产收入均衡程度。即使两国的生产率分布相同（$G(c)$）、市场规模相同（L），甚至创新能力相同（θ），资产收入分配水平差异导致的质量需求强度不同也会使两国的平均生产率产生差异。

第六节　本章小结

与前人的研究相比，本章的模型有两个特征：一是将异质性企业模型与异质性消费者结合起来，强调了需求对行业内资源配置的影响；二是将收入分配引入线性需求函数中，令消费者对质量的需求强度取决于其不同的资产收入水平，从而将一国的资产收入分配均衡程度与其平均生产率、产品质量联系起来。

本书模型的主要结论有两点：一是资产收入分配本身就可以影响一国产品质量和生产率水平：低收入群体资产收入的上升既能提高厂商的产品质量提升速率，优化资源配置，又可增加选择质量升级的厂商比例，从而在本国生产率水平给定的情况下，提高出口产品的平均质量水平。二是贸易伙伴国的收入分配均衡程度会影响本国厂商的产品质量：与收入分配均衡的国家贸易，有利于本国产品质量升级。

这些结论丰富了贸易收益的来源。在新古典贸易理论中，贸易的收益来源于贸易国对各自比较优势的发掘（生产的专业化）；新贸易理论中，贸易的益处来源于利用贸易伙伴国的市场规模（规模效应）；本书模型在新贸易理论的基础上进一步强调了质量升级的规模效应——贸易的收益还来源于利用贸易伙伴国的质量需求强度，以实现自身产品的质量升级。并指出，质量升级的动机不仅来自市场规模、收入水平，还取决于双方市场的需求强度，而需求强度由收入分配均衡程度决定。同时，结论区分了两种提高资产收入分配均衡程度的手段的不同效果，指出提高低收入者的收入水平在一定程度上优于降低低收入者的比例：后者可能恶化资源配置效率，最终效果取决于行业生产率的真实分布情况。

这一模型也是对前人经济地理研究的继承和发展。前人所强调的目的地市场特征主要是市场规模、距离与创新能力。本书在此基础上增加了一个维度：贸易国的资产收入均衡程度。"与发达国家的贸易可提高本国质量选择"更可能是因发达国家的资产收入分配水平更优化。由此，在一国市场规模、创新能力给定时，该国仍可通过改善自己的资产收入分配水平或通过选择与资产收入分配水平较高的国家贸易来提升本国平均生产率与产品质量。

第四章 收入分配对出口质量的影响：实证分析

第一节 引 言

一、简介

本节旨在检验需求因素对企业出口产品质量的影响作用。文中所强调的需求主要由一国收入分配状况所表征。

随着异质性企业理论的发展，相应的实证研究注重于检验出口企业生产率（与贸易成本）对出口贸易模式的影响。这些文献所探讨的企业异质性多集中于企业资本密集度、技术工人比例、TFP 等，而鲜有考察企业所面临的异质需求对贸易模式的影响。Baldwin & Harrigan（2011）指出，企业异质性来源的识别，是未来异质性企业理论的重要发展方向。类比，贸易模式的决定因素由新古典贸易中的要素禀赋理论逐渐转移到新贸易理论的本地市场效应（Home Market Effect），在新新贸易理论中，我们的视角从企业的生产率异质性转移到企业所面临需求的异质性。文章尝试从异质性企业理论出发，将需求与企业对质量的生产选择联系起来，检验两者的相关性。

对于需求因素与产品质量的关系，Hallak（2006）给出了规范的理论解释。文章以产品质量为视角，指出收入水平高的国家对质量的需求强度[1]更大，即收入水平越高，对质量的支付意愿越高，因而高收入国在高质量产品上的支出份额更高[2]。在该文中，Hallak 将贸易的产品质量与人均收入水平联系起来，从需求与供给两个方面都说明了贸易品质量与人均收入呈正相关。但一方面，产品质量只是桥梁，文章检验的核心仍是贸易额与需求[3]的关系，对需求的界定也在贸易国间的收入差距层面，而并未验证质量与一国内部收入分配的联系。另一方面，文中的产品质量是消费的结果，而非企业的生产选择，需求并未对质量生产选择起到能动作用。本书尝试探讨需求与出口产品质量这一变量的相关性：沿用非同位需求偏好，令消费集随相对收入水平变动——相对收入升高，低质量产品种类逐步退出消费集；同时借鉴 Hallak（2006），将质量偏好强度与收入差距联系起来，从而令收入分配对贸易组成产生影响。此处的贸易组成代表某产品层面内各个种类的质量与份额。因而本书的研究重点在于产品层面的产品质量，尝试探讨质量随异质性需求（主要是收入分配）的变动规律。

本书对产品质量的关注有着重要的意义。一方面，产品质量关系到一国产品竞争力的强弱，左右了企业利润的高低，因而贸易品质量比贸易额对贸易格局的影响更为深远；另一方面，将需求的影响细化为对产品质量的改变，而不仅仅是贸易额的增减，需求作为一国比较优势的重要方面，其作用更为强大。因此，本书的贡献在于，结合了前人对异质性需求和贸易质量两个方面的研究，将收入分配与质量选择联系起来——在控制了收入水平的情况下，检验收入分配对于贸易产品质量组成的影响。由于产品质量是产品比较优势的重要方面，如果证实收入分配对质量选择影响显著，该检验就阐明收入分配是比较优势的重要组成部分。

---

① 即对高质量产品的支付意愿。
② 由此产生了 Linder 假说：收入水平相似国间的贸易额更高。
③ 此处指贸易双方收入差距。

二、简要文献回顾

本书的检验是需求效应与质量选择两方面实证研究的结合，源于这两类文献的研究思路，同时在变量度量方面也吸收了前人研究的方法。

（一）需求效应与收入分配

需求异质性的本质是需求的空间地理分布：总需求规模的差异，对不同产品需求份额的不同（非位似偏好），同一产品内对不同种类需求偏好（支付意愿）的差异等。换言之，在新贸易理论（产业内贸易）中，贸易国之间需求的差异带来的贸易阻力近似于地理距离，需求的异同也对贸易量、贸易产品种类等贸易模式起到了重要作用。自 Linder（1961）起，需求的相似性对产业内贸易的影响成为实证研究的重要议题。对需求的研究也从总需求逐步细化为需求份额、需求偏好；相应的实证变量也从 GDP 到人均 GDP、人均 GDP 差异、收入分布。Francois & Kaplan（1996）证实，收入分配均衡程度影响了进口国对某一产品的支出份额，收入分配不均衡令工业制成品的进口份额上升。Dalgin，Trindade & Mitra（2008）将产品进一步区分为奢侈品和必需品，证实进口国收入分配均衡度越高，奢侈品的进口额越小。以上文献的产品贸易额，或是跨行业加总，或是仅限于较粗分类的行业贸易额，仅能解释行业间贸易模式；Hallak（2006）应用价格需求弹性，通过质量需求偏好，从行业内层面阐述 Linder 假说。文章假设质量需求偏好与人均收入成正比，实证结果证实，对大多数行业而言，贸易国人均收入差距越小，进口额越高。可见，迄今考察需求作用的实证研究已细化到贸易国人均收入差距与收入分配均衡度的层面。但考察的均为需求对贸易额的影响；对于其他贸易模式受到的影响，较少探讨。

（二）产品质量与收入分配

产品质量与收入分配相关的理论基础来自于质量异质性企业模型。Baldwin & Harrigan（2011）、Kneller & Yu（2008）以单位价值近似产品质量，通过检验单位价值与市场规模及距离的关系探讨企业异质性的性质，结果证实企业质量异质的模型更接近现实数据；Johnson（2011）将企业质量选择内生化，通过检验单位价值与临界生产率的正向关系，证明在差异化产品中，质量异质性是企业异质的主要来源。这些文献的实证研究为质量与市场距离、市场规模等经济地理变量的联系提供了佐证，却并未检验质量与收入分配这一变量的联系。结合 Johnson（2011）的结论：出口国特征解释了 50%以上的价格变动，但究竟包括哪些经济地理特征、各自作用大小，则有待进一步研究。而 Choi, Hummels & Xiang（2009）研究了产品质量与一国收入分配的联系。文章证实，进口国的收入分配分布与该国进口产品的价格分布有着对应关系，某一价格水平的产品进口份额与相应收入水平上的人口份额成正比。我们由此设想，企业对于产品的质量选择，与贸易国的收入分配有着紧密的联系；收入分配作为国别特征，与 GDP、距离等变量共同影响了产品质量这一贸易模式。

与 Choi, Hummels & Xiang（2009）不同的是，Choi, Hummels & Xiang（2009）强调了进口产品的质量，而本书强调出口国的质量选择，这是企业的内生选择，并与企业自身的生产率、生产成本等特征相关。此时，由于质量提升成本多以固定成本为主，质量的提升更有可能呈现规模报酬递增（IRS）的特点，因而对质量生产与需求关系的检验也可验证 IRS 对贸易模式的作用，从新角度为 IRS 在贸易中的重要性提供论据，具有验证垄断竞争市场结构的意义。

第二节 核心指标测度与分析

一、收入分配的度量与分析

（一）测度指标

Atkinson 在其 1969 年的文章中，将有关收入分配均衡程度的各种测度指标加以分析比较。如变动系数（Squared Coefficient of Variation）、均值离差（Mean-log Deviation）、分位数比值（Inter-decile Ratio）等。基尼系数是其中最为常用的指数。以上各个指数都是度量收入分布中，各十分位的平均收入与整体平均收入的差异大小。区别是各个指标对各收入水平的人群所赋予的权重不同。由于各指标对不同收入水平的权重不同，度量具体收入分配状况时需要界定其特有的效用函数，否则不同指标的排序得出的结论可能并不一致，甚至互相矛盾。Atkinson 构造了 atk 指数，在该指数计算中，所用的弹性 ε 越大，指数对低收入者的权重越高，对低收入者收入水平变动越敏感。

LIS 数据库中的多种度量指数包括了几乎所有收入分配均衡程度的度量指标。其中，atk5 是当 $\varepsilon = 0.5$ 时的 Atkinson 指数；atk1 是当 $\varepsilon = 1$ 时的 Atkinson 指数；Atkinson 指数越小，代表收入分配越均衡。d9010 是前 10%处的收入水平与后 10%处的收入水平之比；d9050 是前 10%处的收入水平与后 50%处的收入水平之比；d8020 是前 20%处的收入水平与后 20%处的收入水平之比，这些比例越高，代表贫富收入差距越大。poorall4 是收入水平在相对贫困收入水平 40%以下的人口比例；poorall5、poorall6 分别是收入水平在相对贫困收入水平 50%和 60%以下的人口比例，这些人口比例越高，代表收入分配均衡度越低。

常用的基尼系数是对中产阶级权重较大的度量指标，其优点是不会对高收入或低收入群体的变化过度敏感。本书待检验的核心解释变量是由收入分配均衡度表征的加权质量偏好。由于理论模型仅将消费者划分为贫富两类，因此突出贫富差距的量度指标，如相对贫困人口比例（poorall50）和贫富收入水平之比（d9050），更符合本书理论模型的论证。

表4-1是样本国多个度量指标的统计表。

表4-1 收入分配各测度指标统计值（含中国、巴西、印度、墨西哥）

变量	观测值	平均值	标准差	最小值	最大值
Atkinson 指数（$\varepsilon = 0.5$）	21	0.0977619	0.0503586	0.045	0.208
Atkinson 指数（$\varepsilon = 1$）	21	0.1892381	0.0906118	0.092	0.392
水平比（90/10）	21	5.102238	2.966305	2.778	13.735
水平比（90/50）	21	2.164286	0.6387566	1.562	3.767
水平比（80/20）	21	2.820286	1.075512	1.974	6.285
贫困比例（40%）	21	7.000333	4.522138	2.35	18.76
贫困比例（50%）	21	11.88495	5.529751	5.586	25.015
贫困比例（60%）	21	18.74276	5.670148	11.497	31.47

资料来源：LIS 数据库（2000~2006 年）。

数据来自 LIS，除比利时是 2000 年、巴西是 2006 年、中国是 2002 年的数据外，其余都是 2003 年或 2004 年的数据。21 国中，除 OECD 国，还包含巴西、中国、印度、墨西哥，参照平均水平，此四国的收入分配情况明显更为不均。去除此四国后的统计表为（见表4-2）：

表4-2 收入分配各测度指标统计值（不含中国、巴西、印度、墨西哥）

变量	观测值	平均值	标准差	最小值	最大值
Atkinson 指数（$\varepsilon = 0.5$）	17	0.07475	0.0197838	0.045	0.119
Atkinson 指数（$\varepsilon = 1$）	17	0.14825	0.0387445	0.092	0.234

变量	观测值	平均值	标准差	最小值	最大值
水平比（90/10）	17	3.766813	0.7845245	2.778	5.642
水平比（90/50）	17	1.868375	0.1661184	1.562	2.137
水平比（80/20）	17	2.356688	0.3260707	1.974	3.053
贫困比例（40%）	17	5.06275	2.360577	2.35	11.251
贫困比例（50%）	17	9.620687	3.431439	5.586	17.189
贫困比例（60%）	17	16.45925	3.823997	11.497	23.994

资料来源：LIS 数据库（2000~2006 年）。

通过表 4-1、表 4-2 的整体对比情况可见，发展中国家（巴西、中国、印度、墨西哥）的最低收入水平与最高收入水平差距幅度要大于发达国家；去除此四国后，量度指标 d9010 的平均值有明显降低，说明这四国的该指标拉高了整体水平；相比之下，d8020 的变化幅度要小得多。可见发展中国家的贫富差距中，主要问题在于极端贫困人口收入水平太低。而 atk5 与 atk1 相比，在去除发展中国家前后也有较明显的差异：去除发展中国家后，atk1 降低了近 30%，atk5 的降低不到 20%，而 atk1 对各低收入水平的权重更高，这也证明在各个低收入水平上，发展中国家对整体的不均衡影响更大，即发展中国家在低收入水平上，收入分配均衡度更低。在贫困人口比例上可见，去除发展中国家后，收入水平在贫困收入 40% 以下的指标 poorall4 降低了 30% 左右，而对于门槛稍高的指标（收入水平在贫困水平 50%、60% 以下），降低幅度则渐渐缩小，poorall5、poorall6 依次下降了 20% 和 10% 左右。这说明在极端贫困人口上，发展中国家对整体不均衡影响更大。

以上针对各指标整体情况的分析说明，发展中国家不仅底层贫困人口的收入水平低，极端贫困人口比例也高。

（二）水平分析

整理分析各国不同指标得到，以贫富差距（d9010）为度量时，斯堪的纳维亚半岛国家，丹麦、荷兰、瑞士、瑞典加上奥地利、捷克的收入差距较小（低于3.2，比平均值低13%）；法国、德国、比利时的收入差距稍大，在3.3~3.5之间，但仍低于平均值3.8；澳大利亚、波兰收入差距更大，高于平均值；加拿大、意大利、西班牙、英国、美国则高于4.3，比平均值高13%，收入差距最高，其中美国达到5.6，是所有OECD国贫富差距最大的国家。

以贫困人口比例为量度时（Relative Poverty Ratio 50%），仍有丹麦、瑞典、捷克的收入分配最为均衡，相对贫困人口仅占人口比例的5%左右，比平均值9.6%低近50%；奥地利、比利时、法国、德国、荷兰、瑞士贫困人口上升，在6%~8.5%左右，但仍低于平均值；波兰、英国贫困人口高于平均值，在10%~11%；澳大利亚、加拿大、意大利、西班牙、美国的相对贫困人口比例最高，在12%以上，高于平均值近30%；美国的相对贫困人口比例最高，在17%以上。

可见，荷兰、瑞士、奥地利的相对收入差距较小，但相对贫困人口稍高；英国的相对贫困人口稍低，但贫富差距较大；丹麦、瑞典、捷克的收入分配情况最佳，收入差距小且贫困人口比例低；美国、加拿大、意大利、西班牙的收入分配状况都是整组中最不均衡的，贫富差距大且贫困人口比例高。

当ε为0.5时（atk5，该指标越高代表收入差距越大），奥地利、比利时、捷克、法国、瑞士、荷兰收入分配较均衡，都低于平均值0.075，丹麦和瑞典甚至在0.05以下，比平均值低33%；澳大利亚、加拿大、德国、意大利、西班牙略高于均值，在0.09以下；英国、美国则在0.1以上，比均值高出33%。当ε为1时（atk1，ε升高，对低收入人口的权重上升），仍有奥地利、比利时、捷克、法国、瑞士、荷兰的收入分配指标略低于均值0.15，但此时丹麦和瑞典的指数更低，比均值低了近50%，澳大利亚、加拿大、德国、意大利、英国、西班牙略高于均值，在0.19左右，与atk5相比，此时英国、意大利、德国的指标很接近；美国则在0.23以上，比均值高出50%。比较两种指标可见，丹麦、瑞典、英国在低收入水平上，收入分配较均衡，而美国、德国、意大利则是高收入水平上的收入分配更为均衡。

表4-3是以上各个收入分配指标的平均值与中国数据的比较。

表4-3　收入分配各测度指标平均值（不含中国、巴西、印度、墨西哥）
与中国（2002年）对比

国家	Atkinson ($\varepsilon = 0.5$)	Atkinson ($\varepsilon = 1$)	水平比 (90/10)	水平比 (90/50)	水平比 (80/20)	贫困比例 (40%)	贫困比例 (50%)	贫困比例 (60%)
中国	0.208	0.392	13.735	3.767	6.285	18.76	25.015	31.47
平均值	0.075	0.148	3.767	1.868	2.36	5.063	9.621	16.459

由以上数据分析，与OECD国家的平均水平相比，中国的收入分配状况极为不均衡。就各个收入水平与整体收入水平的差异度量（atk5与atk1）而言，该指标越低越好，而中国的水平比OECD国家平均水平高出近2倍；高收入水平权重大时，收入分配不均衡程度更明显（atk1、atk5与OECD平均值的差距扩大）。就两极收入水平差距而言，中国的最高收入水平是最低收入水平的近14倍，而OECD国家平均水平是近4倍；在其他分位收入水平上的差距没有如此巨大幅度，但也差异明显。就贫困人口比例而言，中国最贫困人口比例是OECD国家该指标平均值的近4倍，收入水平在相对贫困水平40%以下的人口占到了19%上下；收入水平在贫困水平60%以下的人口占到总人口的30%，而在OECD国家这一平均比例是16%上下。可见，中国的贫富差距巨大，高收入水平之间波动更大，且极端贫困人口比例过高，低收入群体占总人口的1/3。这意味着近50%的人口消费能力低下，而高收入群体的消费特征并不规范，这种收入分配状况抑制了内需的增长，阻碍了经济的可持续发展。

二、质量的度量与分析

（一）度量方法

前人对于质量这一变量的度量，主要有两种度量方法：一种从供给（生产成本）的视角，以单位价值近似质量水平；另一种从需求的视角，在控制价格水平的前提下，以市场份额（或销售额）高低来衡量质量高低。前者偏重于垂直差异化产品的质量度量，后者更适用于水平差异化产品的质量量度。在 QHFM 模型的实证研究中，Baldwin & Harrigan（2011）以 HS10 分位产品的单位价值度量产品质量，类似以单位价值度量产品质量的还有 Johnson（2011）、Kneller & Yu（2008）等；Brooks（2006）、Auer & Chaney（2009）也用单位价值近似质量，但加入了市场份额或相对销售额作为权重，度量的是行业或较粗分类的产品的综合质量；Crozet et al.（2012）用酒业的产品级别作为酒类产品的质量度量，但该行业较特殊，不能普遍适用；Khandelwal（2010）结合了产品价格与市场份额的信息，通过拆解市场份额的决定要素，估计消费者对产品的偏好，作为质量的量度，其思想是：当控制了价格水平时，市场份额越高的产品，消费者的支付意愿越高，所以质量越高。

本书的质量所探讨的是企业的质量选择，是生产决策，因而更适合采用单位价值的度量方式。针对本书的研究，用单位价值度量质量水平存在两个主要问题：一是实证数据的产品细分程度与所检验理论的产品细分程度未必匹配。本书的企业质量选择理论基于异质性企业模型，细化到产品种类（Variety）；而由 COMTRADE 的贸易额与贸易量计算所得的单位价值仅细分到 HS6 位，仅是产品（Good）水平。也就是说，我们所量度的单位价值数据对需求因素的反应，并未甄别出每个种类的质量随需求的变动情况，而是某一产品所包含的这些种类质量变动的平均值——不仅涵盖了每个种类质量的升降，还涵盖了新种类的进入与旧种类的退出，因此被解释变量随需求变动的相关系数会弱于或强于理论预期。在本书中，我们假设种类的进入与退出是源于种类的质量高低（质量加权价格较低者①进入，质量加权价格较高者退出），而非水平差异化偏好的变动，因此相关系数显著即说明个体企业的质量选择受到需求因素的影响，并且相关系数的符号（平均质量）的变动方向与每个个体企业的质量选择变动方向一致。二是贸易额涵盖了价格信息，而不全然是质量的问题。因此在解释变量中，除去质量选择理论所包含的自变量，还应适当考虑价格的影响因素，这令模型的拟合结果产生了不确定性。我们会针对相关变量进行稳定性检验，尽量降低其他因素对单位价值的影响。

更为重要的是，由于质量的度量仅细分到 HS6 位，我们得出的每个单位价值实则为该 HS6 产品诸多种类的平均单位价值，即包含了诸多企业的质量选择结果，因此相应的解释变量中，企业生产率也应是该产品所有生产商的平均生产率。

（二）水平分析

本书运用单位价值分析，单位价值可直观的比较各国的出口质量水平。

本书样本所采用的数据依据 United Nation Comtrade 的产品技术含量分类标准划分；属于高技术含量产品的药类产品的相对质量如表4-4所示。

表4-4　相对质量与相对生产率（高技术产品）

变量	观测值	平均值	标准差	最小值	最大值
单位价值	12861	9006.73	321931	0.0268113	3.20e+07
平均生产率	12861	4.28e+07	2.28e+08	15	3.43e+09

资料来源：COMTRADE 数据库（2011）。

---

① 即同等价格水平下，质量较高者。

较高技术含量产品（850110-851690）的相对质量如表 4-5 所示。

表 4-5　相对质量与相对生产率（较高技术产品）

变量	观测值	平均值	标准差	最小值	最大值
单位价值	23604	14121	152292.6	0.0095997	9719070
平均生产率	23604	26920.18	206656.2	0.0362496	3809300

资料来源：COMTRADE 数据库（2011）。

低技术含量产品的相对质量如表 4-6 所示。

表 4-6　相对质量与相对生产率（低技术产品）

变量	观测值	平均值	标准差	最小值	最大值
单位价值	12798	43.81399	334.2608	0.0067155	29035
平均生产率	12798	54.08137	418.2045	0.424	11988.07

资料来源：COMTRADE 数据库（2011）。

样本国均为主要 OECD 贸易国，加上中国、巴西、印度、墨西哥四国。平均生产率是控制了产品代码、出口国后，以出口额加权的单位价值，是出口国企业平均生产率的测度指标。我们可以观察到，高技术含量产品的单位价值相差较大，约为较高技术含量产品的 2 倍，而低技术含量产品的单位价值的差异仅为高技术含量产品的约千分之一。对高技术含量的产品而言，出口国企业的平均生产率（加权单位价值）的差异是较高技术含量产品的近百倍，而低技术含量产品平均生产率的差异仅为其万分之一。

属于不同技术含量产品的各国出口的加权单位价值如表 4-7 所示。

表4-7　各类出口商品单位价值的国际比较

产品 国别	医药	机电	通信	纺织品	食品	耐用品
澳大利亚	1655	312	245	48	10	3445
奥地利	46006	41	55	36	8	5473
比利时	22652	23515	114937	388	7	85988
巴西	4171	62	419	18	12	2899
加拿大	593	26	41	21	8	407
中国	3378	142	26	11	7	1788
捷克	21270	26	118	21	18	2243
丹麦	4604	45	73	30	7	1038
法国	4136	432	61	16	10	6778
德国	17720	35	81	30	7	8553
印度	2310	421	30	15	8	964
意大利	2441	24	67	36	10	3624
日本	15576	74	144	37	25	3286
墨西哥	1583	66	31	12	5	1517
荷兰	8861	19502	112	94	6	2705
波兰	1263	23	85	28	5	996
西班牙	4210	46	131	19	11	1912
瑞典	81150	46	73	28	7	1365
瑞士	473242	82	266	81	19	34324
英国	61824	59	110	54	6	6385
美国	25787	184	39	16	4	336

资料来源：由 COMTRADE 出口数据（2011）计算。

表4-7 中的单位价值是该类产品中各细分产品按出口国分类求出平均单位价值后再按观测值取均值，因此该量度会受到产品细分程度、出口种类等因素的影响，但仍可直观地反映各国出口该大类产品的整体质量水平。由表4-7 可见，OECD 国在各类产品中的单位价值都较高，尤其是奥地利、比利时、德国、丹麦、瑞士；捷克、荷兰也在较多产品上具有较高的单位价值；相比之下，中国、巴西、墨西哥、印度在大部分产品类别上

单位价值都处于较低水平，尤其是中国在通信和纺织品方面，都在国际末位。发达国家中的波兰和加拿大，单位价值也较低。

由上文分析可知，前述单位价值较高的出口国多是收入分配状况较为均衡者，而加拿大、波兰恰是发达国家中收入差距较大的国家；四个发展中国家的收入分配状况也远不及 OECD 国家优化。由此可见，收入分配状况与出口质量之间存在较强的关联，第六章将通过实证研究进行更为严谨的论证。

（三）我国出口产品质量现状分析

由于价格是反映产品质量的重要信息，产品价格是目前国际上用于反映产品质量的常用指标。本节借用 Azhar & Elliott（2006）的方法，按照产品价格，将产品分为高端、中端和低端产品三个层次，并计算各国在该层次产品上的出口份额，从而分析不同国家在不同产品上的出口产品质量情况。

如陈丽丽（2013）所述，Azhar & Elliott（2006）的做法是计算 $rp_{ik} = (p_{ik} - \bar{p}_i)/(p_{ik} + \bar{p}_i)$，其中，$i$ 表示国家，k 表示产品，p_{ik} 是 i 国出口 k 产品的价格，$\bar{p}_i$ 是各国出口 i 产品的平均价格，rp_{ik} 表示 i 国 k 产品的出口价格与世界平均价格的差异程度。如果 $rp_{ik} > 0.15$，则 i 国出口的该产品价格显著高于世界平均水平，认为该产品处于世界高端水平；如果 $rp_{ik} < -0.15$，则 i 国出口的该产品价格显著低于国际平均水平，认为该产品处于世界低端水平；如果 $-0.15 < rp_{ik} < 0.15$，则该国出口产品与世界平均水平持平，属于中端水平。

根据本书研究的问题以及数据特点，以此为基础，将度量指标进行了进一步改动：$wrp_{ik} = (wp_{ik} - \bar{p}_i)/(wp_{ik} + \bar{p}_i)$。为了更好地反映出口国 i 的出口价格随不同目的地市场特征而变化的规律，将 p_{ik} 替换为 i 国向各个目的地市场出口产品 k 的加权平均价格（Weighted Price）wp_{ik}，以出口额为权重，每个出口目的地的价格都考虑在内；$\bar{p}_i$ 则以商品 k 的各个出口国 GDP 加权，以反映各国经济发展水平对世界平均价格的影响。因此，本书中高、中、低端产品的考量指标 wrp_{ik}（Weighted Relative Price），考虑了出口目的地特征对出口产品质量的影响。这是本书度量改进的重要特点。

相应门槛仍以 0.15 和 -0.15 为基准, 分别计算了各国中等、高等、低等技术含量产品和消费品的出口结构, 结果如表 4-8 所示。

表 4-8　各国高中低端产品出口份额（中等技术含量产品）

单位:%

产品 国别	机电			通信		
	高端	中端	低端	高端	中端	低端
澳大利亚	52	23	25	61	18	21
奥地利	19	39	42	10	35	55
比利时	37	28	35	42	29	29
巴西	22	31	47	32	16	52
加拿大	0	19	81	0	12	88
中国	1	13	86	0	3	97
捷克	6	15	79	9	25	66
丹麦	24	36	40	23	26	51
法国	17	29	54	7	37	56
德国	8	56	36	9	43	48
印度	2	13	85	0	5	95
意大利	2	26	72	5	26	69
日本	37	29	34	37	46	17
墨西哥	1	12	87	0	7	93
荷兰	30	31	39	22	25	53
波兰	2	20	78	6	20	74
西班牙	4	30	66	12	22	66
瑞典	30	37	33	17	31	52
瑞士	52	25	33	56	21	23
英国	32	38	30	28	35	37
美国	2	21	77	2	10	88

资料来源: 由 COMTRADE 数据库 2011 年出口数据计算。

可见中国出口的中等技术含量产品中, 高端份额接近于 0, 也就是说, 此类产品质量的国际竞争力很低。相比之下, 法国、德国、英国、瑞典、日本、奥地利、瑞士、荷兰、比利时，在通信和机电产品中的高端出口比例占到30%~40%以上，具有很强的比较优势。相比之下，同为发展中国家的巴西，其高端出口比例都在20%，其产品质量远远超过了中国。

各国出口的高等和低等技术含量产品的结构如表4-9所示。

表4-9　各国高中低端产品出口份额（高等与低等技术含量产品）

单位:%

产品 国别	高等技术含量产品（医药）			低等技术含量产品（纺织）		
	高端	中端	低端	高端	中端	低端
澳大利亚	50	16	34	33	36	31
奥地利	35	17	48	27	47	26
比利时	36	8	56	19	23	58
巴西	15	14	71	0	21	79
加拿大	2	2	96	6	33	61
中国	8	6	86	0	0	100
捷克	36	26	38	1	37	62
丹麦	50	7	43	26	32	42
法国	12	22	66	0	11	89
德国	32	20	48	12	42	46
印度	7	9	84	0	10	90
意大利	32	26	42	25	56	19
日本	59	23	18	19	75	6
墨西哥	14	11	75	0	3	97
荷兰	36	12	52	43	18	39
波兰	27	13	60	17	31	52
西班牙	11	19	70	5	22	73
瑞典	33	25	42	22	31	47
瑞士	52	18	30	78	16	6
英国	38	20	42	53	34	13
美国	19	9	72	1	7	92

资料来源：由 COMTRADE 数据库 2011 年出口数据计算。

可见在医药产品上，中国的出口结构稍有优化，高端产品占到8%的比例，但中端份额又大大下降，低端产品仍占有80%以上的份额；可见高端的8%实际是从中端产品中分离出的，而并非该类产品的整体升级。令人印象深刻的是，一直以来占据我国出口重要大类的纺织品，全部处于国际低端水平；可见，出口量并不能代表产品质量的竞争力。我国纺织品的竞争力在该类低端产品上，而发达国家如意大利、瑞士、英国则占据了该类国际产品的高端市场。

各国出口的消费品中，耐用品与食品的出口结构如表4-10所示。

表4-10　各国高中低端产品出口份额（消费品）

单位:%

消费品 国别	耐用品			食品		
	高端	中端	低端	高端	中端	低端
澳大利亚	48	22	30	28	45	27
奥地利	25	27	48	29	47	24
比利时	41	19	40	10	48	42
巴西	29	21	50	29	26	45
加拿大	1	14	85	11	40	49
中国	1	8	91	8	37	55
捷克	15	19	66	8	43	49
丹麦	15	21	64	17	58	25
法国	14	19	67	17	60	23
德国	24	29	47	11	58	31
印度	5	13	82	5	4	91
意大利	21	39	40	28	48	24
日本	45	17	38	66	8	26
墨西哥	5	11	84	14	34	52
荷兰	20	16	64	9	48	43
波兰	13	16	71	5	47	48
西班牙	12	23	65	16	46	38
瑞典	20	22	58	10	51	39

消费品 国别	耐用品			食品		
	高端	中端	低端	高端	中端	低端
瑞士	59	22	19	67	22	11
英国	38	35	27	7	46	47
美国	2	14	84	0	27	73

资料来源：由 COMTRADE 数据库 2011 年出口数据计算。

由表 4-10 数据分析可见，整体而言，中国出口产品的相对价格大部分处于国际低端水平，除食品外，其他代表性产品的低端产品份额占该类出口产品的 80% 以上，中端产品份额在 10% 上下，高端产品份额平均而言不到 5%。代表性产品按产品技术含量分类，其中，高等技术含量产品中的医药产品，是所有出口产品中，高端产品份额占比最高者，高端份额也仅占 8% 上下，中端份额仅为 6%，其余 86% 均为低端层次产品。中等技术含量产品中的机电类出口产品的高端份额仅为 1%，中端产品占 13%；通信类出口产品的高端份额为 0，中端产品也仅为 3%，低端产品占据了出口产品的 97%。低技术含量产品中的纺织品是中国的传统出口大项，但出口层次 100% 为低端类别；消费品大类中的耐用品，高端产品份额也仅为 1%，中端产品占比 8%，低端产品份额在 90% 以上；食品的出口结构是各类产品中最优者，高端份额为 8%，中端份额达到 37%，低端份额为 55%。

以上数据说明，中国出口产品显著处于国际低端水平，不但在高端层次上近乎为空白，在中端层次上的产品也屈指可数，绝大部分位于国际低端层次；偶有高端层次份额较高的产品类别，其中端份额又回落，造成质量阶梯的断档；从产品类别上看，制造业中，出口中端层次份额稍高的是中等技术含量产品和消费品中的耐用品，在 10% 上下；高等技术含量产品的中高端层次整体份额较高，占到 14%；但传统出口优势产品纺织品的出口结构居然 100% 位于国际低端水平，这与我们的一贯认知落差较大。由此可见，出口优势并不代表出口品质，出口量大也并不能说明出口竞争力强。在国际竞争日趋向以质取胜的方向发展时，处于低端层次的产品会受到冲击，造成贸易困局，因此我国出口产品的质量亟待提升，以优化出口产品结构，提升应对国际经济冲击的能力。

与世界出口产品品质较高的国家如澳大利亚、比利时、日本、荷兰、瑞士、英国相比，中国的出口结构主要是高端产品的缺失，澳大利亚在各类出口产品中的高端层次份额都在 50%上下，日本在中、高等技术含量产品的高端层次份额都接近 40%；瑞士在各类出口产品的高端层次份额都超过 50%，在纺织品类别的高端层次产品接近 80%。加拿大和美国的高端层次产品也较低，但中端层次产品份额比中国稳定。

本节详细分析比较了本书所关注的核心变量，收入分配与质量的各个量度指标，整理了各出口国这些指标的整体水平。分析得出哪种指标侧重哪个收入水平上存在的问题，哪种指标侧重贫富差距，哪种指标侧重贫困人口比例，哪些国家收入分配较均衡，哪些国家出口产品品质较高。发现出口产品品质较高的国家多为收入分配较均衡者，得到了收入分配与出口质量两者的关联趋势，为下文的理论建模与实证回归做好了准备。

此外，对中国出口产品质量现状进行的分析拆解出各类出口产品的高中低端品质份额，异于以往依据出口额或出口价格对出口竞争力的分析。由分析可见，一方面，中国出口产品 90%以上处于国际低端水平，中端层次断档，对产业进一步升级极为不利；整体出口结构中亟待扩大中、高端产品份额。另一方面，中国几类代表性产品的出口结构与国际平均水平相比，食品的出口结构较有优势。描述了我国出口产品质量的大致状况，从另一个侧面佐证了本书研究的现实意义。

第三节　引力模型的理论假设

一、引力模型与收入分配

引力模型的成立有三个关键假设：一是产品种类的完全专业化（也称 National Product Specialization）；二是消费者具有相同的同位需求偏好；三是世界价格相同且企业定价相同。而引力模型的拓展过程正是这些假设的放宽过程——在此过程中，逐步引入新的解释变量，使引力模型对现实更具解释力。目前的引力模型已通过第二假设的放宽引入了收入分配变量，通过第三假设的放宽引入了贸易成本（Distance）变量；本书则是通过第三假设的放宽引入收入分配变量，是对引力模型的新拓展。

（一）同位需求假设——人均收入与收入分配的引入

1. 收入需求弹性

以人均收入和收入分配作为解释变量的引力模型的发展源于同位需求假设的放宽，指出收入弹性引致各类产品的支出份额并不相同，即富有者对工业制成品收入需求弹性大于1，对同质性强的产品收入需求弹性小于1，贫穷者相反。这使得细分到各行业的贸易额，还取决于各国人均收入及收入分配情况。更进一步地，行业内贸易额取决于两国人均收入的相似度，也就是 Linder Hypothesis——人均收入水平越相近的国家间行业内贸易额越高。最具代表性的文献有 Markusen （1986）, Hunter （1991）, Francois & Kaplan （1996）, Dalgin、Trindade & Mitra （2008）。Francois & Kaplan （1996）证实，进口国对某一产品的支出份额取决于该国收入分配均衡程度，收入分配不均衡将令工业制成品的进口份额上升。Dalgin,

Trindade & Mitra（2008）将产品进一步区分为奢侈品和必需品，证实进口国收入分配均衡度越高，奢侈品的进口额越小。

然而，以上文献的产品贸易额，或是跨行业加总，或是仅限于较粗分类的行业贸易额，仅能解释行业间贸易模式，而 Linder Hypothesis 更适用于行业内贸易模式的解释。

2. 价格需求弹性

Hallak（2006）将这一问题进一步推进，但应用的是价格需求弹性，通过质量需求偏好来阐述 Linder Hypothesis。文章指出，对高质量产品而言，质量偏好强度越高的国家对其支出份额越高，而质量偏好强度与该国人均收入成正比。实证结果证实，对大多数行业而言，进口额与进出口国间的人均收入差距成反比。

本书的理论依据与其极为相似，但又有着本质的区别：一是本书认为需求不仅异质于国家间，也异质于个体消费者之间，即质量偏好强度与消费者收入水平成正比，因而核心解释变量是收入分配而不是人均收入；二是本书通过质量偏好强度强调了支付意愿而不是支出份额，因而解释的是质量选择（价格），而非进出口额；三是 Hallak（2006）的理论中，需求与供给是相对独立的两个方面，本书理论根据则是因需求导致的生产选择，因而同时强调出口国的收入分配均衡程度。综合这三点可见，本书的检验建立在行业内部，关注产品质量而非贸易额，因而可称作"Quality-version of Linder Hypothesis"。

Choi，Hummels & Xiang（2009）细致地研究了产品质量与一国收入分配的联系。文章证实，进口国的收入分配分布与该国进口产品的价格分布有着对应关系，某一价格水平的产品进口份额与相应收入水平上的人口份额成正比。本书与它的区别有二：一是该模型未考虑出口国收入分配状况的影响；二是该模型强调了进口质量，而本书强调的是出口国的质量选择。

（二）价格假设——国家对称与企业对称

1. 国家对称

基准的引力模型假设世界价格同一，无贸易成本，因而可用产出量代替产值。Bergstrand（1989，1990）放宽了这一假设，并将垄断竞争引入其中。拓展结果是将贸易国间的贸易成本（用 Distance 代替）引入解释变量，但各垄断企业仍为对称：各产品种类定价相同。

2. 企业对称

Melitz（2003）异质性企业模型的设置令垄断竞争有了新发展：各企业的利润不同。仅边际企业利润为零，其余企业利润为正。这使得零利润条件不再适用，即各企业定价不同。而定价的影响因素可作为引力模型的新的解释变量。在企业异质性方面的新应用正是引力模型未来的拓展方向。

本书研究基于质量异质性企业模型，认为质量偏好强度（由收入分配决定）决定了企业的产品质量，继而影响产品定价，从而将收入分配引入解释变量中。

综上所述，我们通过放宽价格假设（企业异质性），将收入分配变量引入解释变量中，是对引力模型的新拓展。

二、引力模型与规模报酬递增

本书的另一主旨是验证规模报酬递增规律（IRS）在贸易中的重要性。贸易理论中，贸易产生的原因可从生产方面分为两类，基于禀赋差异（H-O）和基于产业内贸易（IRS）。这两支理论在贸易实践中的相对重要性，始终是前人实证研究的焦点。引力模型的应用前提之一是以 IRS 为基础的新贸易理论。为验证 IRS 对贸易模式的影响，前人拓展出很多命题，其中 HME 和经济地理是对 IRS 最有力的佐证。

（一）本国市场效应

本国市场效应 HME（Home Market Effect）认为生产的变动大于需求的变动，因而需求的上升将导致该国对该产品的出口。David & Weinstein（1999）验证日本区域性生产的增加大于需求增加；Head & Ries（2001）对加拿大和美国的数据分析也发现了类似结论。Hanson & Xiang（2004）证实 HME 的强度随行业特征不同而不同。本书则试图将这种生产与需求的互动延伸到质量选择与收入分配的联系上，因而我们的检验也可称作"Quality-version of HME"。

（二）经济地理

收入分配其实也是国别特征的一个变量，与贸易成本一样，可纳入经济地理的理论范畴。该理论体系源自 IRS 与垄断竞争的结合，通过国家或区域的地理变量（与市场的距离、市场大小等）研究经济福利。如 Reddingand Venables（2000）通过各国与供需市场的便利关系解释各国的收入高低。本书则通过收入分配这个经济地理变量解释各国的质量选择，也是对经济地理文献的新拓展。

第四节　基于引力模型的实证分析

一、理论检验假说

本书的理论基础建立在质量异质性企业模型上，尤其以 Antoniades（2008）的模型为基准；在其基础上引入 Hallak（2006）质量偏好强度的元素，令不同质量种类（Variety）的偏好强度随相对收入水平而变动；

对某一质量种类的总需求就受到整体的收入分配状况的影响。

(一) 封闭经济

由第三章的最优化结果得到:

$$Z_i^* = \frac{L\tilde{\sigma}}{4\theta - L\gamma\tilde{\sigma}^2}(c_D - c) = \lambda(c_D - c) \tag{4.1}$$

其中,$\tilde{\sigma} = [\beta\sigma_P + (1 - \beta)\sigma_R]$,可视为对质量的加权偏好强度;

$$\lambda = \frac{L\tilde{\sigma}}{4\theta - L\gamma\tilde{\sigma}^2} \tag{4.2}$$

由该式得到检验假说 1。

假说 1:厂商对产品的最优质量选择随本国整体偏好强度上升而上升,随厂商生产率上升而上升。λ 是质量(相对于生产率)的提升速率。

这说明,企业的最优质量选择与一国总体(加权)质量偏好强度成正比,而总体质量偏好由收入分配均衡程度决定。

(二) 开放经济

拓展为开放经济后,贸易国本国(H)和外国(F)分别有 L^H 和 L^F 消费者,假设两国消费者有相同偏好,无劳动力流动。边际生产成本为 c 的厂商总利润为 $\pi^l = \pi_D^l + \pi_X^l - f_Z I_z - \theta^l Z^2$,因此得到利润最大化的质量选择。

由(3.38)式、(3.39)式、(3.40)式综合分析可见,厂商的最优质量选择与加权质量偏好成正比,并且质量生产门槛随加权质量偏好强度的提高而放宽,得到假说 2。

假说 2:在开放经济中,贸易伙伴国的加权质量偏好强度越大,本国厂商出口质量选择越高、质量提升速率越大;而给定对方国,本国对质量的整体偏好强度越大,本国厂商的质量选择和质量提升速率也会增大。

假说 2 说明,出口国(内需)市场对质量偏好的上升有利于更多企

业选择质量升级，即给定一国厂商的生产率分布状况，本国加权质量偏好
强度的上升会令更多厂商选择质量生产，从而提高一国出口产品的平均质
量水平。其原理是偏好强度的上升令质量升级的利润空间提高，质量升级
的固定成本更易收回，因此厂商更有激励选择质量生产。同时，本国的总
体质量偏好也对本国出口产品质量的提升速率有影响。

综上所述，可见出口产品的质量与出口国和进口国的加权质量偏好强度
呈正相关；而加权质量偏好 $\tilde{\sigma} = [\beta\sigma_P + (1-\beta)\sigma_R]$ 又与收入分布情况相
关；由 $\tilde{\sigma} = \beta\sigma_P + (1-\beta)\sigma_R$ 及 σ_P 与 σ_R 的定义可知，$\dfrac{d\tilde{\sigma}}{d(d_P)} > 0$，$\dfrac{d\tilde{\sigma}}{d\beta} < 0$。
更为均衡的资产收入分配意味着 $d_P\uparrow$（穷人资产收入上升）或 $\beta\downarrow$（穷人
比例下降）。由此我们得出，提高穷人相对收入或降低穷人比例会提高加
权质量偏好，进而提高出口产品质量水平。

结合以上分析，可以得出实证研究的检验假说，出口国产品质量与该
国收入分配均衡度呈正相关：收入分配差距越小，或相对贫困人口比例越
低，该国特定产品的质量水平越高；并且收入分配的作用同该国市场规模
与收入水平有关，这一作用的大小、方向也可能因产品特性、国别收入水
平不同而产生差异。

二、收入分配对出口质量影响的实证检验

（一）计量模型设定

依据上述模型理论，见（4.2）式，企业的最优质量选择是市场规模
L、质量提升成本 θ、加权质量偏好 $\tilde{\sigma}$、企业生产率 c、出口临界生产率
c_D 以及产品替代弹性 γ 的函数。可见，相应计量模型的被解释变量是出口
产品质量，待检验的核心解释变量是由收入分配均衡度表征的加权质量偏
好；控制变量是市场规模、质量生产成本、企业生产率、出口临界生产率

及产品替代弹性。此外，由于用单位价值近似质量水平，影响价格的因素也会影响被解释变量，所以还要考虑价格的影响因素。在前人研究价格的实证文献中，主要的解释变量是两方面：生产成本与成本加成（Aw et al.，2001；Feenstra & Levinsohn，1995）。生产成本作为国家平均生产率的量度，可以用出口国 GDP 近似；成本加成则由产品质量与贸易国价格水平决定（Simonovska，2010；Antoniades，2008），因此，还应考虑生产成本和进出口国各自的价格水平。

1. 被解释变量

如前文所述，对于质量这一变量的度量，主要有两种度量方法：一种从供给（生产成本）的视角，以单位价值近似质量水平；另一种从需求的视角，在控制价格水平的前提下，以市场份额（或销售额）高低来衡量质量高低。前者偏重于垂直差异化产品的质量度量，后者更适用于水平差异化产品的质量度量。具体而言，本书中的质量所探讨的是企业的质量选择，是生产决策，因而更适合采用单位价值的度量方式。本书采用出口产品的 FOB 单位价值表示，以 $\ln quality_{ijk}$ 进入计量模型，i 是出口国，j 是进口国，k 是 HS6 位产品。

2. 控制变量

（1）市场规模、价格水平与生产成本。考虑到控制变量中，产品替代弹性、出口临界生产率等解释变量较难量度，我们采用面板数据，以控制产品—进口国固定效应的方法进行回归，来减少需要观测的变量。其中，产品替代弹性、进口国加权质量偏好（随产品特征不同而变化）、进口国价格水平（包括针对产品特征而变化的进口国成本加成）、出口临界生产率（除去出口国因素而由进口国特征决定的那部分效应，随产品不同而变化）都被产品—进口国固定效应吸收；余下的出口质量的变化，都由出口国特征解释：出口国市场规模与质量提升成本由 GDP 表示，GDP 既是衡量一国的需求规模，也是该国生产力水平的量度，在很大程度上体现了一国提升产品质量的难易（冯迪，2012），用人均收入水平控制出口国成本加成（部分价格水平因素）及部分生产率特征。由于收入分配对贸易模式的影响多非线性方程（Bekkers et al., 2010；Hallak, 2006），所有变量都采用相应的对数值，以 $\ln gdp_i$ 和 $\ln gdppercapita_i$ 进入计量模型。

（2）企业平均生产率。对于出口国 i 生产产品 k 的企业的平均生产率，我们用 $\bar{p}_{ik}$ 度量。$\bar{p}_{ik}$ 是由出口国 i 向所有目的地（进口国）出口该产品 k 的平均单位价值，由出口额加权。根据异质性企业模型，出口目的地（进口国）的国别特征与贸易成本决定了出口国的出口临界生产率，生产率高的企业才能向临界生产率要求较高（即 c_D 较低）的国家出口；由于各出口国出口产品 k 的目的地市场范围不同，因此向各目的地出口的单位价值的平均值即可表征该出口国的平均企业生产率（随产品 k 而变化）。更为重要的是，由于被解释变量质量的度量仅细分到 HS6 位，我们得出的每个单位价值实则为该 HS6 产品诸多种类的平均单位价值，即包含了诸多企业的质量选择结果，因此在相应的解释变量中，企业生产率也应是该产品所有生产商的平均生产率。此外，Johnson（2011）的文章从理论模型与实证检验两方面证实了，一国出口产品的单位价值与出口临界生产率有着显著相关性，因此用平均单位价值作为平均生产率的设置有着理论与实证基础。以 $\ln prod_{ik}$ 进入计量模型。

（3）其他市场的影响。考虑到单位价值受到价格影响，外在需求的变化可能同时影响到平均价格与单位价值，有可能产生内生问题，我们使用各出口国面临的市场需求（Market Potential）来控制这一外在需求的影响，以增加模型的稳定性。市场需求采用 Head & Mayer（2003）的计算方法，由出口国与其他各国的距离加权后的 GDP 之和求得，这也同时控制了距离对价格的影响（由于本书采用的单位价值是出口国报告的 FOB 值，且有进口国固定效应控制，所以距离对价格的影响相对较小）。该算法未纳入本国市场需求（已由出口国 GDP 控制），以 $\ln fmp\_hm_i$（Foreign Market Potential）进入计量模型。

3. 核心解释变量

待检验的核心解释变量是一国收入分配均衡度。在 Atkinson（1969）中，收入分配的均衡程度有多种度量指数，如变动系数、均值离差、分位数比值，等等。基尼系数是其中最为常用的指数。各个指数都是度量收入分布中，各十分位的平均收入与整体平均收入的差异大小。所不同的是各个指标对各收入水平的人群所赋予的权重不同[①]。为不同的收入水平赋加权值，会得到不同的收入分配均衡度排序[②]。但由于各指标对不同收入水平的权重不同，度量具体收入分配状况时需要界定其特有的效用函数，否则不同指标的排序得出的结论可能并不一致，甚至互相矛盾。

在本书的效用函数中，影响效用的是相对收入，因此收入分配均衡程度指的是一国贫富差距，与理论最相符的量度是一国相对贫困人口比例（模型中的 β）与贫富收入水平之比（近似模型中的 d_R/d_P）；前者的量度用 LIS 数据中在贫困线收入水平 50% 以下的人口比例来度量（即 Relative Poverty Rate 50%）；相对贫困人口比例越高，代表收入分配均衡度越低。后者的量度采用收入水平前 10% 处的数值与后 10% 处的数值之比来度量（即 Percentile Ration 90/10）；该比值越高，代表收入差距越大，收入分配均衡度越低。所以，收入分配均衡度（ID），用低于平均收入水平 50% 以下的人口比例和前 10% 最富有者的收入水平与平均收入水平之比两个指标度量。出口商面临的市场整体质量偏好的度量以 $\ln id_i * \ln id_j$ 进入计量模型。

综上所述，基准回归方程为：

$$\ln quality_{ijk} = \alpha_i + \alpha_{jk} + \beta_1 \ln id_i * \ln id_j + \beta_2 \ln gdp_i + \beta_3 \ln gdppc_i + \beta_4 \ln prod_{ik} + \beta_5 \ln fmp_i + \varepsilon_{ijk} \tag{4.3}$$

（二）理论预期

依据质量选择理论框架，收入分配均衡度较高的出口国（相对贫困人口的比例较低，即 $\ln id_i$ 较低），对质量需求的相对强度越高，企业提升

[①] Atkinson 所提出的弹性 ε 越大，对低收入者的权重越低；基尼系数是对中产阶级权重较大的度量指标，其优点是不会对高收入或低收入群体的变化过度敏感。
[②] LIS 数据库提供了不同权重的收入分配度量指标，我们会按各收入水平的重要性选取指标来观察各个收入阶层的需求对出口产品质量的差异化影响作用。

质量的获利性越高，生产率较高的企业选择生产的产品相对质量越高；因此核心解释变量的系数（β_3）预计为负，如结果显著，则说明收入分配可影响企业的质量选择。而平均企业生产率 $\ln prod_{ik}$ 越高，出口国 i 在产品 k 的生产上，企业平均生产率越高，根据质量异质性企业模型，生产率高者的质量选择更高，因此预计其系数为正。$\ln gdp_i$ 是出口国市场规模与出口国生产成本的量度，一方面，GDP 越高，相对市场规模越大，竞争程度越激烈，质量竞争力高者才易存活，因而企业质量生产的动机越强，相对质量选择越高，这一因素是变量 $\ln gdp_i$ 对单位价值的正向影响。另一方面，如 Melitz & Ottaviano 在其 2008 年的文章中指出的，较大市场规模所引致的激烈竞争会令价格需求弹性升高，这使得厂商所能获得的成本加成有降低的趋势；Redding 在其 2010 年的文章中也评述为，较大市场中的平均价格更低。因此，变量 $\ln gdp_i$ 前的系数正负取决于这两类效应的综合效果。同样地，人均 GDP 也包含了多方面的因素：一是根据价格研究的理论，人均收入越高的国家，成本加成越高（Simonovska，2010），可令相对单位价值越高；二是人均收入与收入分配的交互项决定了质量偏好强度，人均收入越高，质量偏好强度越大；三是人均收入越高，该国的生产率越高，质量提升成本越低，根据理论模型，质量提升成本低者选择质量生产越高。三方面的因素都令 $\ln gdppercapita_i$ 的系数为正。其他市场需求 $\ln fmp\_hm_i$ 控制了其他市场对该出口—进口—产品质量的影响，如果厂商对各市场的产品供应唯一质量品种，这种影响应是正向的；如果厂商对各市场是分割供应的，由于厂商生产资源有限，其他市场的需求对某一市场的贸易质量起到争夺资源的作用，因而应是负向影响，因此其符号预期不确定，依市场竞争结构而变化。

（三）样本与数据说明

常规面板数据以国别与时间为纵、横维度，本书的面板数据分别以产品—进口国、出口国为纵、横维度，考察在控制了产品—进口国特征后，出口国的特征（收入分配）对出口质量的影响效果。

本书样本中国别和产品的选择，是由模型理论的适用条件决定的。我们旨在验证：对于某些产品而言，出口国的收入分配特征对出口产品质量具有显著影响。根据理论模型，这些产品应具有差异化程度较高的特点，并且既非低端产品，也非奢侈品。因此检验所用的关键样本是中、高档技术含量产品，按照 CEPII 对产品技术含量的分类选取。样本按技术含量的标准分类，原因有二：一是技术含量较高者多为差异化程度较高产品，质量变动对产品竞争力的影响更强，更符合模型的假设；二是技术含量较高产品的质量提升多以固定成本投资为主，与边际成本的变动相比，固定成本的角色更为重要，也符合规模报酬递增的前提。为检验结论的稳定性，本书还选用了 BEC 分类目录下的部分消费产品（食品 122 与耐用消费品 61）进行回归①。

样本国家包括 OECD 国中的较大贸易国和中国、墨西哥、印度、巴西等共 21 国②，选取这些国家主要有两点考虑：一是这些国家的收入分配数据可较完整的获得（LIS 数据库）；二是样本国选取世界主要进口大国，就所选产品而言，可以尽量保证出口国对其出口的所选范围产品的贸易额不含零值③。

出口产品单位价值（即出口质量）的原始数据来源于 UN Comtrade 数据库，采用了 2011 年 21 个样本国家的六位数产品的相互进出口额与数量的信息计算所得。

GDP 与人均 GDP 的数据来源于 OECD 的 StatExtracts 数据库。由于经济地理模型中，需求方面代表的是各国间的差异，即国别特征，我们力图令需求方面的数据可以代表一国长期的市场需求情况，而不是某一年份的

---

① 不同数据库的分类标准不一，文章先用 UN Comtrade 中的 HS6 与 SITC3、HS6 与 BEC 的产品条目对照表，将产品代码进行转换，再按转换后的 HS6 产品，从 UN Comtrade 中选择贸易数据。模型结论适用的产品是中、高技术含量产品，且去除这些产品中的低端产品和奢侈品。

② 这 21 国为奥地利、捷克、澳大利亚、加拿大、意大利、西班牙、美国、比利时、法国、德国、荷兰、瑞士、波兰、英国、丹麦、瑞典、巴西、中国、墨西哥、印度、日本。

③ 由于本书要说明的问题是产品质量（单位价值），而非贸易额，因此贸易零值的问题不会影响回归结论。参照 Baldwin & Harrigan（2011）中，研究产品单位价值部分的回归未对零值产品进行特殊处理。

个别情形。Davis & Weinstein（2003）提及，经济地理模型的旨意在于考察一国长期的、一贯的需求状况对其生产的影响。因此，一方面被解释变量（生产决策）应滞后于需求变量；另一方面，需求变量所反映的应是长期以来的需求特征。针对这一问题，Davis & Weinstein（2003）由于仅有一个变量用以表征需求水平，因而选用了多段5年期跨度的平均值作为需求表征。与其相比，本书模型的优点在于，本书多个解释变量都是需求变量，如 GDP、人均 GDP、收入分配，因此各指标采用不同年份即稳定了整体需求情况。如同样采用5年跨度的平均值，收入分配的数据难以完整获得，且预期结论不会明显变化。GDP 采用 2007 年支出法计算的数据，统一由美元计，由现行价格与现行平价调整后，以百万美元为单位；人均 GDP 采用 2010 年数据，同样由现行价格与现行平价调整，以百万美元为单位。考虑到企业的质量生产选择具有滞后于需求的特性（Davis & Weinstein，2003），出口产品数据选取 2011 年。收入分配数据来源于 LIS 数据库①。由于数据限制，收入分配数据主要集中于 2004 年和 2003 年，个别国家采用 2000 年（比利时）或 2002 年（中国），日本的收入分配数据由 OECD 的 StatExtracts 数据补齐（与 2003~2004 年对应，选用"mid-2000s"数据），好在一国的整体收入分配均衡情况不会在相近年份变化太大。市场需求数据来源于 CEPII 的 Market Potential 数据库，为 2003 年数据。

其主要变量的统计描述与理论预期见表 4-11。

表 4-11 主要变量的统计描述与理论预期

变量	观测值	均值	标准差	最小值	最大值	理论预期
lnquality	35511	3.261	1.213	-6.882	16.121	
lnid	35759	2.377	0.440	1.720	3.219	-
lngdp	35759	14.001	1.215	11.918	16.452	+/-

---

① Luxembourg Income Study Database, http://www.lisdatacenter.org/.

变量	观测值	均值	标准差	最小值	最大值	理论预期
lngdpercapita	35759	10.279	0.615	8.107	10.799	+
lnfmp_hm	35759	15.629	1.280	12.928	17.832	+/-
lnprod	35525	3.386	1.238	-1.627	15.203	+

(四) 主要回归结果与分析

用中等技术含量产品（机电设备、通信产品）、高等技术含量产品（医药产品）按（4.3）式回归方程，采用固定效应的面板回归；另外，计算其加权平均单位价值（以出口国 GDP 为权重）wprice_ gdp，单位价值与平均价值的比值高于 2 的视为奢侈品，该比值低于 0.5 的视为低端产品（冯迪，2012），取其余下样本进一步回归，结果如表 4-12 所示。

表 4-12　基准方程回归结果

产品类别	中等技术含量（机电）	中等技术含量（通信）	高技术含量产品（医药）
lnid_ interact	-0.308 *** (0.027)	-0.273 *** (0.036)	-0.329 *** (0.073)
lngdp	0.056 *** (0.015)	-0.059 *** (0.019)	0.088 ** (0.039)
lngdppc	-0.016 (0.014)	0.211 *** (0.016)	-0.022 (0.034)
lnfmp	-0.142 *** (0.010)	-0.129 *** (0.013)	-0.037 (0.026)
lnprod	0.445 *** (0.005)	0.391 *** (0.007)	0.487 *** (0.009)
样本观测值	35511	20723	12861

注：*、**、*** 分别表示参数的估计值在 10%、5%、1% 的显著性水平上显著；括号内数值为标准差；"样本范围"行中括号内是单位价值与平均价值之比的范围，如（0.5，2）表示该样本范围的 0.5<unitvalue/wprice_gdp<2。

从这些结果中我们可以得到以下几个结论：第一，对于中、高技术含量产品、普通产品档次，收入分配都在5%的水平上显著，并与出口质量呈负相关，与理论模型的预期相符；这意味着较为均衡的收入分配（相对贫困人口比重下降）有利于提高一国出口产品的质量。

第二，企业平均生产率对出口质量具有显著正向作用，这与模型"生产率越高的企业，最优质量选择越高"的理论预期相符；人均收入对出口质量的正向作用也十分显著，这与成本加成理论、质量偏好强度理论一致。

第三，GDP对出口质量多呈负向影响，且大多情况下显著，这可能与市场竞争结构有关。如前所述，一方面市场规模的扩大意味着竞争强度的激化，迫使企业选择生产更高质量的产品以提升竞争力（Melitz & Otta-viano，2008）；另一方面也令消费者的需求弹性上升。即GDP对市场价格（成本加成）的影响有两个方面：提升企业质量生产动机与提高需求价格弹性，前者令成本加成提高，后者令成本加成降低。当GDP对企业质量生产的动机的提升作用较强时，总体效果令单位价值提升，当GDP对消费者需求弹性的提升效果较强时，总体效果令单位价值降低。本书得到的结果说明市场规模对单位价值的总体效果是负向的。

（五）稳定性检验

1. 变量测度指标

我们换用LIS数据库中90分位的收入水平与10分位的收入水平之比作收入分配均衡度的度量。如前所述，该比值越高，贫富差距越大，不利于加权质量偏好强度提高，令质量选择降低，所以理论预期其系数为负，与基准方程的回归结果比较如表4-13所示。

表 4-13 其他收入分配指标——贫富差距

产品类别	中等技术含量（机电）	中等技术含量（通信）	高等技术含量（医药）
lnid_interact	−0. 243 ***	−0. 270 ***	−0. 144 **
	（0. 027）	（0. 037）	（0. 067）
lngdp	−0. 004	−0. 094 ***	0. 001
	（0. 012）	（0. 017）	（0. 032）
lngdppc	0. 023	0. 055 **	0. 021
	（0. 016）	（0. 022）	（0. 038）
lnfmp	−0. 108 ***	−0. 103 ***	0. 004
	（0. 009）	（0. 012）	（0. 024）
lnprod	0. 445 ***	0. 391 ***	0. 487 ***
	（0. 005）	（0. 007）	（0. 009）
样本观测值	35511	20723	12861

注：同表 4-12 注解。

可见，不论收入分配的度量指标如何选择，收入分配均衡程度的提高（相对贫困比例下降或贫富差距下降）都会提高出口质量。然而，从弹性系数看，缩小贫富差距的作用大大提高，为降低贫困人口比例的近 20 倍，即如果出口国 i 的贫富差距（收入水平之比）降低 10%，i 国出口的 k 产品的平均质量将提高约 18%。市场规模与其他市场需求的负向作用仍然显著①。

通过这一回归结果可见，在收入分配的调整中，改变贫富差距比减少贫困人口比例对质量提升的作用更大。这一结论具有很强的现实意义。

2. 产品类别差异

用低技术含量的产品、BEC 消费品目录中的食品、耐用消费品，同样样本国，基准方程回归结果如表 4-14 所示。

---

① 人均收入水平的作用变为负向，一个可能的解释是，当收入分配量度指标变为贫富差距时，富裕程度与贫富差距的相关作用令该指标的作用出现了变更。

表 4-14　其他产品回归结果

产品类别	低技术含量产品（纺织品）	消费品（食品）	消费品（耐用品）
lnid_interact	0.028 (0.044)	-0.091 ** (0.041)	-0.255 *** (0.034)
lngdp	-0.005 (0.030)	-0.058 *** (0.020)	0.100 *** (0.019)
lngdppc	0.075 *** (0.018)	0.074 *** (0.021)	0.002 (0.018)
lnfmp	0.011 (0.023)	-0.004 (0.016)	-0.147 *** (0.013)
lnprod	0.504 *** (0.011)	0.624 *** (0.016)	0.515 *** (0.005)
样本观测值	12858	13639	32935

注：同表 4-12 注解。

　　由以上结果我们可得到如下结论：第一，对低技术含量产品和必需品而言，收入分配的作用出现了弱化——收入分配对质量选择的作用更依赖于产品特征与产品档次的界定，如食品本身是必需品，其定价特点是成本加成较低，因而"低端产品"的界定标准应低于其他产品，而"高端产品"的价格范围也会较低，因此普通档次产品的标准界定在（0.3，1.1）的样本范围；同理，低等技术含量产品和耐用消费品的普通产品界定各不相同。如用全样本回归，收入分配甚至可以呈现正显著的结果，即收入分配越不均衡，出口产品平均价值越高。这与 Fajgelbaum et al.（2009）的结论相吻合。按本书模型理论，这是由于在高端产品的消费中，低收入者的作用偏小，且高端产品单位价值高，中、低收入消费者的支付意愿对普通产品的影响作用被掩盖。而一旦将样本集中于普通档次范围内的产品，就会呈现收入分配的负显著结果。即：收入分配均衡度提高，普通产品出口质量提高。这是本书对前人结论的重要拓展。对质量提升空间较大的产品而言（耐用消费品），收入分配的作用则相对稳定（根据产品特点，样本范围未有异常变更（0.4，1.5））。但总体而言，收入分配均衡度的提高，对普通档次产品出口质量仍存在显著的提升作用。

第二，人均收入、GDP、企业生产率与市场需求对质量选择的作用未有大幅变动；平均企业生产率对质量选择仍有显著的正向作用。这说明收入分配的作用随产品特点而有很大变动，这是由其需求方面的作用机制决定的，而从供给方面影响质量选择的其他解释变量对质量选择的影响则相对稳定。

3. 产品层次差异

此外，我们计算了这些产品以出口国 GDP 为权重的加权平均单位价值，并计算产品单位价值与平均价值的比值。该比值高于 2 的我们将其划定为高端产品，该比值低于 0.5 的划定为低端产品①，以进一步分析收入分配对各个不同层次的产品的差异化影响。结果如表 4-15 所示。

表 4-15　产品分层次回归结果

产品类别	中等技术含量（机电设备）		中等技术含量（通信）		高技术含量（医药）	
样本范围	高端	低端	高端	低端	高端	低端
lnid_interact	-0.213 **	-0.183 ***	-0.401 ***	-0.122 ***	-0.365 **	-0.089
	(0.094)	(0.038)	(0.123)	(0.040)	(0.177)	(0.016)
lngdp	-0.065	0.220 ***	-0.192 **	0.140 ***	0.116	0.072 *
	(0.104)	(0.003)	(0.087)	(0.024)	(0.087)	(0.040)
lngdppc	-0.173 **	-0.075 ***	-0.189 **	0.085 ***	-0.044	0.019
	(0.011)	(0.019)	(0.085)	(0.017)	(0.115)	(0.033)
lnfmp	-0.105 ***	-0.013	-0.130 ***	0.023	-0.064	0.093 ***
	(0.027)	(0.015)	(0.041)	(0.017)	(0.049)	(0.034)
lnprod	0.248 ***	0.200 ***	0.267 ***	0.117 ***	0.338 ***	0.179 ***
	(0.019)	(0.006)	(0.021)	(0.007)	(0.025)	(0.010)
样本观测值	3915	13537	2311	9218	1644	7864

注：同表 4-12 注解。

---

① 参考冯迪（2012）对于奢侈品和低端品界定的标准，对于中等技术含量的产品，产品单位价值与加权平均价值之比高于 2 的为奢侈品，低于 0.5 的为低端品。

由表 4-15 结果可知，一方面，缩小贫困人口比例对产品质量的提升作用在各个层次的产品中均显著，而对中、高技术含量的产品而言，高端产品质量提升的影响普遍强于对低端产品质量的影响，可见，降低贫困人口比例不仅可以提升产品的整体质量水平，而且可以优化出口产品结构。另一方面，市场规模 GDP 对低端产品的质量影响是正向的，从前述分析可知，低端市场的竞争结构，需求弹性效应较小，厂商提升质量以强化竞争力的效应占据主导。

综合上述分析可以得到，对差异化程度较高的产品而言，贫困人口比例越少，一国出口质量越高；贫富收入差距越小，一国出口质量越高。并且，这两者相比，降低贫富差距对质量提升的作用要弱于减少贫困人口比例。如果进一步细化产品结构可知，缩小贫富差距对高端产品的质量提升作用强于低端产品，有利于优化出口产品结构。但对于质量差异化程度较低的产品而言（低技术含量产品或必需品），收入分配的质量提升作用有所弱化，而更加依赖产品特征与产品档次的界定。收入分配的影响对产品特征和样本范围的依赖性较大，这是由于需求本身就受到产品特征、产品档次因素的影响，是其需求角度的作用机制所决定的。

综合本节的理论与实证检验结果可知，对质量提升空间较高的普通产品而言，一国的收入分配状况对企业的质量选择有着显著的影响：贫困人口比例越少，一国出口质量越高；贫富差距越小，一国出口质量越高。并且，这两者相比，降低贫富差距对质量提升的作用要远远大于减少贫困人口比例。这对相关政策有着重要参考价值。考虑多种回归设置与收入分配的度量方式，此结果均显著。但对于质量差异化程度较低的产品而言（低技术含量产品或必需品），收入分配的质量提升作用有所弱化，而更加依赖产品特征与普通产品档次的界定。与前人结论相比，本书将收入分配对产品质量的影响进行了更细化的解析，指出收入分配对同一产业内不同档次的产品，影响不同。对于普通产品而言，收入分配越均衡，出口质量选择越高。这与前人"收入分配不均，出口质量较高"的结论（如 Francois & Kaplan，1996；Fajgelbaum et al.，2009）看似矛盾，实则统一。

前人或考察产业间贸易，或将产业内所有产品整体考察，忽视了需求随产品特征、产品档次而变动的重要特性，这种整体考察掩盖了收入分配对普通产品的真实影响方向①。本书引入了异质消费者，较深入地分析了消费者的需求结构，得以呈现出收入分配对不同档次产品质量的差异化影响。

第五节　本章小结

本章主要是对本书理论模型结果的实证检验。本章开篇从引力模型出发，说明了本书实证方程的来源及其拓展意义；第三节结合前人文献与本书理论模型结果，详细说明了本书实证方程的构造过程，并在回归过程中讨论了模型的多种稳定性检验，得出了支持本书理论模型的结论：收入分配均衡度对一国出口产品质量具有显著影响。对质量提升空间较高的普通产品而言，收入分配越均衡，质量选择越高。可见，质量选择与进出口国收入分配状况有关；且此影响随国家的不同收入水平、不同产品而变化。我们应该重视收入分配因素对需求，从而对一国质量产生的能动作用，积极进行收入分配的合理化调整，促进企业竞争力的提升，促进经济发展。

在目前的结论中，收入分配的作用仅在符合模型适用范围的产品上（质量差异化程度高，固定成本高）较为稳定，对其他产品而言，收入分配的作用随产品特点和普通产品标准的界定②而有较大变动，因此在应用该结论时应考虑到其适用条件，具体情况具体分析。要将此结论规范为成型的理论，未来还需要进一步检验与论证。

---

① 收入分配不均令高端产品需求上升，而高端产品的单位价值偏高，容易掩盖中档产品单位价值的变化。

② 依据产品类别、产品成本加成特点而变动。

第五章 收入分配影响出口质量的福利含义

第一节 相关理论回顾

本书所指的贸易福利主要有三方面：贸易带来的生产率进步、消费支出的降低及社会竞争效率的提高。新古典贸易理论认为收入分配会影响财富的利用效率从而对生产率进步产生影响，也有相关理论证明收入分配可以通过影响消费行为而影响市场竞争效率。新新贸易理论的发展令企业可根据自身生产率高低进行内生的生产选择，其中的质量异质性企业理论更将质量选择与企业生产率变动紧密联系起来，从而将质量边际的贡献纳入到贸易福利的变动中。

前人研究收入分配对生产率的影响，主要依赖递阶式需求（Hierarchic Demand）将收入分配与贸易引致的生产率增长联系起来。这种需求模式由 Jackson（1982）提出，指出不同产品对不同收入水平消费者的边际效用不同，因而消费者的消费集随其收入水平而变动；收入水平越高，消费组成越向工业品（或 Luxury）转移，因而收入分配情况影响了一类产品的消费者数量，影响其利润，从而影响生产模式。代表文献有 Murphy、Shleifer & Vishny（1989），Funk（1996）和 Zweinuller（1999）。其核心思想是，在国际贸易中，较高的固定成本需要大规模的集中需求来弥补（尤其是规模收益递增（IRS）的行业），投资才有利可图；而较均衡的收入分配利于消费力度的集中，因而利于利润驱动的创新投入或工业化。Murphy, Shleifer & Vishny（1989）论证，财富向富人的过度集中令社会资源向手工业部门（生产 Luxury）转移，只有较均衡的收入分配才可令这些资源成为工业品部门的购买力，弥补固定成本，从而推动一国的工业化，因而中产阶级的规模是决定一国工业化进程的重要因素。Zweimuller（1999）则强调穷人与富人在消费创新产品上的时滞：过大的收入分配差距令创新的现值降低（时滞拉长，折现值降低），利润下降，不利于创新增长。其本质仍是资源在两类消费者（贫富）手中能形成多大购买力的问题。Funk（1996）从反面考察了这一问题，认为富人对非技术密集型产品（Unskilled Labor-intensive）有厌恶的情况下，技术密集型产品更有利可图，因而较大的收入分配差距令投资持续流向技术密集部门，非技术劳动力收入持续偏低，贫困持续，而收入差距持续扩大。

与研究贸易模式的文献相比，这类文献多从动态角度考察收入分配的影响——收入影响了偏好，因而收入分配影响了总需求，影响了不同部门的获利性，从而影响了投资选择。而本书模型从微观层面，通过强调收入分配对质量偏好强度继而对企业质量生产选择的影响，将结论延伸到产业内部的贸易组成与生产率变动，是该思想在贸易模式研究中的具体应用。

研究收入分配与市场竞争方面的文献主要有 Gabszewicz & Thisse（1978）和 Glass（2001），通过异质性消费者引入收入分配的影响。前者假设偏好相同，消费者异质于收入水平；在古诺竞争下均衡价格随收入分配变动，而收入分配的均等化可将低质量产品的生产者从市场上淘汰。后者假设消费者异质于偏好，即消费者对质量的评价随收入水平变动；厂商提供一系列价格—质量组合，消费者从中选择其效用最大化组合；较多的高收入者可令厂商实现区分均衡（Separation Equilibrium），获利较高，从而提高其质量创新动机。两者都认为收入差距可以影响市场竞争效率，但前者的厂商质量选择并非内生，因此收入分配的变动未能影响生产率；而后者厂商的质量选择是多重均衡策略，且厂商仅从高与低两个质量水平上做选择，本书则关注了连续性最优质量选择。最重要的是，两者市场结构都是寡头竞争，结论依赖厂商间的互动假设，较为特殊。本书模型则是垄断竞争，考察了在更多竞争和替代品存在的情况下，收入分配对质量选择的影响，结论更具一般性。

第二节 收入分配对福利的影响渠道

一、贸易福利来源

（一）消费方——消费产品种类上升

价格指数降低是传统贸易理论中贸易自由化为贸易参与国带来的最直接的福利：双方国内商品价格的下降，令消费者支出降低，消费者剩余（Consumer Surplus）上升。这是消费方（Consumption Side）的福利，多用价格指数之比来度量。

新贸易理论最突出的贡献是价格指数降低还可以通过消费品种类上升实现。在 Ricardian 与 H-O 理论中，产业内产品的替代弹性趋于无穷（假设一个产业内仅有一种产品，或连续性产品（Continuum Goods）也是如此），因而产品种类对贸易福利没有影响[①]。但新贸易理论以垄断竞争为基础，产品种类之间的替代弹性有限，因而产品种类的增加令消费者可选择效用更高、支出更少的消费组合，相当于降低了支出。

与传统理论不同的是，此时即使贸易价格并不改变，仅产品种类的上

---

① 新古典贸易理论中多为完全竞争市场，规模报酬不变（Constant Return to Scale），所以贸易自由化对产品种类也没有影响。

升就可以降低支出而带来贸易福利。贸易自由化令产品种类增加带来的贸易福利[①]（Gains From Varieties）可用支出份额与替代弹性度量，本质上还是归为价格指数的下降。当效用函数为 CES 时，

$$U_t = U(q_t, I_t) = \left[\sum_{i \in I_t} a_{it} q_{it}^{(\sigma-1)/\sigma} \right]^{\sigma/(\sigma-1)}, \quad \sigma > 1 \qquad (5.1)$$

其中，$a_{it} > 0$ 代表偏好，且随时间改变，I_t 是时间 t 可消费的产品集。由成本最小化可得支出函数，

$$e(p_t, I_t) = \left[\sum b_{it} p_{it}^{1-\sigma} \right]^{1/(1-\sigma)}, \quad \sigma > 1, \quad b_{it} \equiv a_{it}^{\sigma} \qquad (5.2)$$

b_{it} 中就包含了偏好强度的信息。当假设消费集（可消费产品种类）不变，且偏好不变时，有价格指数之比（也是福利量度的核心）为：

$$\frac{e(p_t, I)}{e(p_{t-1}, I)} = P_{SV}(p_{t-1}, p_t, q_{t-1}, q_t, I) \equiv \prod_{i \in I} \left(\frac{p_{it}}{p_{it-1}} \right)^{W_i(I)} \qquad (5.3)$$

其中，$W_i(I)$ 是两期消费产品种类 i 的支出份额的（平均）变动。Feenstra（1994）将"消费集不变"这一假设放宽，构造出消费种类变动后的支出表达式，

$$\frac{e(p_t, I_t)}{e(p_{t-1}, I_{t-1})} = P_{SV}(p_{t-1}, p_t, q_{t-1}, q_t, I) \equiv \prod_{i \in I} \left(\frac{p_{it}}{p_{it-1}} \right) \left(\frac{\lambda_t(I)}{\lambda_{t-1}(I)} \right)^{1/(\sigma-1)}$$

$$(5.4)$$

$\lambda_t(I)$ 是 t 期在共有消费集上的支出占 t 期全部支出的份额，即 1−t 期在新种类上的支出份额。可见，相对于前一期 t−1，t 期的新产品种类越多，$\lambda_t(I)$ 越小，t 期的相对支出越低，福利所得越高。

本书提出的质量偏好对福利所得的影响，相当于放宽了"偏好不变"这一假设，即 b_{it} 随不同贸易国而变动。类比 $\lambda_t(I)$ 的思路，$\dfrac{e(p_t, I_t)}{e(p_{t-1}, I_t)}$ 将在（5.4）式的基础上添加 $\dfrac{b_{it}}{b_{it-1}}$ 的指数项，其权重应由 $W_i(I)$ 与 $(1 - \sigma)$ 表

---

① 垄断竞争市场存在固定成本，规模报酬递增（Increasing Return to Scale），所以贸易市场的扩大与贸易成本的下降令更多产品有利可图，投入生产，从而增加了产品种类。

示，而 $(1 - \sigma) < 0$。可见，偏好强度越高（b_{it} 越大），支出指数越低，福利所得越高。进一步地，本书假设加权偏好强度与一国收入分配的均衡程度呈正相关，即一国贫困人口（相对比例）越少，或一国贫富差距越小，对一般消费品的加权偏好强度越高，令一国在贸易中的福利所得越大（可看作 t-1 期是贸易自由化之前，t 期是贸易自由化之后）。这是收入分配对一国贸易福利所得影响的基本设想。

（二）生产方——实际工资上升

贸易自由化带来出口收入的上升[1]，同时令价格指数下降，两者共同作用使实际工资上升，而实际工资正是企业生产率的度量标准。其中，收入上升幅度取决于生产率的分布状况（以及消费的替代弹性）。这是生产方面的贸易福利，相当于生产者剩余上升（Producer Surplus）。

而发展到新新贸易理论后，贸易不仅带来进口产品种类的上升，也带来国内产品种类的减少[2]，在代表性消费者假设的前提下，这两个效应刚好互抵（Feenstra，2009）。此时，除生产方面的贸易福利外，消费方面没有贸易福利所得了。

结合以上探讨可见，在新新贸易理论下的贸易福利与生产率的分布状况有关。例如，在 Giovanni & Levchenko（2009）中，如果企业规模服从 Zipf 分布[3]，贸易自由化对产品种类几乎没有影响。但如果生产率分布较均衡，则产品种类的影响较大。另外，当消费者异质时，各企业面临的需求情况不同，贸易自由化带来的企业的进入与退出未必是对称的，可能不会刚好互抵，生产方面可能有进一步的平均生产率的变动。

（三）社会方——竞争效率提高

这是消费方与生产方共同作用的结果，仍仅出现于新贸易理论之后。

---

[1] 因出口种类上升使收入上升，与消费种类上升使支出下降同理。前提须出口品与内销品间的生产转换曲线（Transformation Curve）为凹（Concave）。详见 Feenstra（2009）。

[2] 生产率较低的企业退出。Broda & Weinstein（2004）假设国内企业数目不变，未考虑此退出效应。

[3] 一种偏度较大的不对称分布，大企业仅数个，小企业与大企业差距极大，但占据了大多数。

贸易自由化带来产品选择的丰富，令成本加成下降；规模报酬递增令平均成本降低。两者共同作用令均衡价格下降，带来贸易福利所得。但我们认为，这并不是单纯的消费方支出下降，也不应单一归入企业生产效率的提高，而是整个社会福利的上升。其度量仍是价格指数的降低，但成本加成变化的作用要依赖对数支出函数（Translog Expenditure Function）才能够分解出来，后文将详细介绍。

综上所述，我们对贸易福利的度量来自三个方面：消费方、生产方与社会方。这三者都可归于价格指数的降低与实际工资的提高，而 Arkolakis et al.（2008）、Feenstra（2009）又将这两者统一为进口份额与替代弹性、生产率分布的函数。依此，我们只需找到主要贸易品的进口份额、替代弹性与生产率分布情况，就可以估计贸易自由化带来的福利大小。

二、收入分配的影响

在前人研究贸易福利的实证文献中，已有很多旨在量化不同边际（新增产品边际、新增消费者边际、新增企业边际等）对福利（或消费价格）影响的文章，如 Feenstra（1994）、Broda & Weinstein（2006）、Feenstra et al.（2009），等等。Arkolakis, Costinot & Rodriguez-Clare（2009）的文章则总结到，诸多不同的模型，只要满足 CES 进口需求系统和引力模型这两点，则贸易带来的福利都可用相同的统计量来估计：对本国产品消费支出的份额和进口—贸易成本弹性；换言之，在满足 CES 进口需求系统和引力模型的这一系列模型中，无论贸易福利的来源如何改变，贸易福利的总量大小并不变化，改变的只是贸易福利的组成而已。但这个结论假设前提是各国消费者偏好相同（D-S preference），进入市场企业的数目不变，且产品质量不变。如果放松这些假设，如消费者异质或产品质量存在差异，则贸易自由化带来的贸易福利总量可能改变较大，因为这时贸易成本下降对出口产品的影响将随目的地市场特征的不同而不同，而这正是本书试图说明的问题。与 Arkolakis, Costinot & Rodriguez-Clare 的文章类似的还有 Atkeson & Burstein（2007）的文章，认为贸易成本降低带来出口企业利润的上升，这使得出口企业较未出口企业成长加快，强化了比较优势，增强了出口企业产品质量升级的动机，但质量创新的增加将被新企业进入的减少而抵消，贸易福利的总量并不改变。这一结论的得出依赖于质量创新投入与生产争夺资源的假设。而本书中质量提升依赖于外生的投入，因而结论不同。Arkolakis，Costinot & Rodriguez-Clare 在文章中也指出，这些理论模型所预计的福利所得要远小于实证研究所得，如何找到贸易福利的新来源以调和理论与实证间的差异是未来研究的方向所在。本节通过纳入质量边际，引入收入分配对贸易福利的影响，为一国国别特征对该国在贸易中所得福利大小的研究提供了新思路。

（一）生产方

企业生产率异质令企业质量选择异质，而贸易自由化过程中，不同质量的产品面临的处境不同。质量高者可能扩张得更多；而需求方面的异质，也令内生的质量选择面临不同的需求环境，从而产生不同的供给弹性。前述研究的对称产品的假设就会放宽，从而令生产率与成本加成方面的贸易福利扩大。

当消费者对质量的偏好差异形成了对市场生产者的划分时，高质量生产企业面对的消费者组成中，质量偏好强度高者份额大，质量偏好强度低者份额小；而低质量生产企业面对的消费者组成刚好相反。当收入分配均衡程度提高时，即中间位置的偏好强度提高时，令中间水平的质量生产企业的质量选择提高，从而带来行业生产资源的重新分配。具体所得大小还需依赖生产率分布情况而定。

而由模型可知，收入分配均衡度越高的国家，中坚企业的质量生产选择越高，而质量高处的需求弹性较高（Auer，2009），因此贸易自由化带来的质量升级会越有效。所以可推论，收入分配均衡度高的国家，从贸易中的所得会更大。另外，由于存在质量升级方面的规模报酬递增，当与本国收入分配情况相似度高的国家贸易时，由于市场分割情况相似，竞争更为激烈，生产率高者扩张得更多，而生产率低者退出的更多，使行业生产率上升更多。

（二）消费方

前人以进口份额和替代弹性估计价格指数时，假设消费者偏好相同。这与现实不符，尤其是支出份额方面，不同偏好消费者对不同质量产品的支出份额会有差异。如果产品种类增加于较少被消费的产品，则其带来的福利会被高估。即产品种类的重要性应有权重，而这个权重应与质量偏好有关。另外，不同质量水平产品之间的进口替代弹性也应有所不同。即贸易福利估计的两个方面：进口份额与替代弹性，都随异质消费者的质量偏好而变动，从而引出新边际。

另外，进口种类上升与本国产品种类下降所带来的福利变动刚好抵消的结论源自消费者偏好相同的假设，一旦消费者偏好异质，这两者的福利影响可能不同，所以在生产方面的所得之外，可能同时存在消费方面的贸易福利。与本国偏好相似的国家贸易，相似质量水平的贸易种类上升得更多，对其偏好更强，消费权重更大，令消费方面的贸易福利更多。

第三节　收入分配通过质量边际影响福利

一、消费方

（一）对数支出函数（Translog）

由于本书侧重收入分配通过质量边际带来的贸易福利，令质量选择可以影响模型中的成本加成，因此将采用对数支出函数（Translog）方法进行分析。它与传统 CES 方法最大的区别在于成本加成的可变。

Feenstra（1994）中提出了度量产品种类的方法，用两期不同消费集的贸易额来度量产品种类的变动，从而计算出 CES 效用函数所对应的精准价格指数（Exact Price Index）。这种度量方法取代了以往对贸易种类的简单计数，将偏好权重纳入了贸易种类的计算中，同时允许两期的消费集的改变，将产品种类变动带来的价格变动引入了价格指数的计算中。但 CES 中成本加成是常数，无法区分出成本加成下降带来的贸易福利。Feenstra & Weinstein（2009）利用对数支出函数（Translog Expenditure Function）将产品种类上升与成本加成下降带来的福利予以区分。结论是尽管成本加成的变动带来的贸易福利与成本加成不变时的贸易福利大小相差无几，但是贸易福利组成不同。Arkolakis et al.（2012）同样运用对数支出函数，允许成本加成的变化，得到的贸易福利与 CES 情况下完全相同。Edmond et al.（2012）则认为，在产业内贸易占主导，且价格扭曲严重的行业，成本加成可变令贸易自由化带来的福利明显上升（Pro-competitive Effect），但适用条件需严格界定；对某些部门而言，成本加成变动的影响不大——这部分结论与 Arkolakis et al.（2012）一致。

Translog 最早由 Diewert（1976）发展为[1]：

$$\ln e = \alpha_0 + \sum_{i=1}^{\tilde{N}} \alpha_i \ln p_i + \frac{1}{2} \sum_{i=1}^{\tilde{N}} \sum_{j=1}^{\tilde{N}} \gamma_{ij} \ln p_i \ln p_j, \ \text{with} \ \gamma_{ij} = \gamma_{ji} \ \text{and} \ \alpha_i > 0 \tag{5.5}$$

为满足支出函数的一次齐次性，需 $\sum_{i=1}^{\tilde{N}} \alpha_i = 1$，且 $\sum_{i=1}^{\tilde{N}} \gamma_{ij} = 0$。价格变动对支出的影响，由（5.5）式两侧对 $\ln p_i$ 求导可得，也即需求函数：

$$s_i = \alpha_i + \sum_{j=1}^{\tilde{N}} \gamma_{ij} \ln p_j \tag{5.6}$$

$\tilde{N}$ 是消费产品集，假定不变。但与拟线性效用函数结合时，由于某

---

① 以下关于 Translog 函数的公式，详见 Measuring the Gains From Trade Under Monopolistic Competition, Feenstra, 2009, NBER Working Paper 15593。

些产品的需求为 0，还需要求解保留价格。Bergin & Feenstra（2009）
得到：

$$\ln e = a_0 + \sum_{i=1}^{N} a_i \ln p_i + \frac{1}{2} \sum_{i=1}^{N} \sum_{j=1}^{N} b_{ij} \ln p_i \ln p_j \tag{5.7}$$

其中，为保证一次齐次性，仍有

$$b_{ii} = -\gamma \frac{(N-1)}{N} < 0, \text{ and } b_{ij} = \frac{\gamma}{N} > 0 \text{ for } i \neq j \text{ and } i, j = 1, \cdots, N$$

$$a_i = \alpha_i + \frac{1}{N}\left(1 - \sum_{i=1}^{N} \alpha_i\right) \text{ for } i = 1 \cdots N$$

$$a_0 = \alpha_0 + \frac{1}{2\gamma}\left\{\sum_{i=N+1}^{\tilde{N}} \alpha_i^2 + \frac{1}{N}\left(\sum_{i=N+1}^{\tilde{N}} \alpha_i\right)^2\right\} \tag{5.8}$$

其中，$j = N + 1 \cdots \tilde{N}$ 时，$s_j = 0$。

由（5.8）式可知，当可消费品数量增加时（不消费品 $j = N+1 \cdots \tilde{N}$ 范围
变小），a_0 降低，支出指数减少，福利上升。Feenstra & Weinstein（2009）
以 Herfindahl 指数近似市场份额，需求弹性可由市场份额与产品种类
表示：

$$\eta_{ijt} = 1 - \frac{\partial \ln s_{ijt}}{\partial \ln p_{ijt}} = 1 + \frac{\gamma(N_t - 1)}{s_{ijt} N_t} \tag{5.9}$$

将成本加成表示为：

$$\ln p_{it} \approx \ln C_{it}' + \left[1 + \frac{H_{it} s_{it} N_t}{\gamma(N_t - 1)}\right] \tag{5.10}$$

从而将贸易福利拆解为种类上升带来的福利 V 与成本加成下降带来
的福利 P（Pro-competitive Effect），

$$\ln\left(\frac{e_t}{e_{t-1}}\right) = \sum_{i \in I} \frac{1}{2}(\bar{s}_{it} + \bar{s}_{it-1})(\ln C_{it}' - \ln C_{it-1}') + V + P \tag{5.11}$$

其中，

$$V \equiv -\frac{1}{2\gamma}\left\{\sum_{i \in I}(H_{it} s_{it}^2 - H_{it-1} s_{it-1}^2) + \frac{1}{N}\left[\left(\sum_{i \notin I} s_{it}\right)^2 - \left(\sum_{i \notin I} s_{it-1}\right)^2\right]\right\}$$

$$\tag{5.12}$$

$$P \equiv \sum_{i \in I} \frac{1}{2} (\bar{s}_{it} + \bar{s}_{it-1}) \left\{ \ln \left[1 + \frac{H_{it} s_{it} N_t}{\gamma (N_t - 1)} \right] - \ln \left[1 + \frac{H_{it-1} s_{it-1} N_{t-1}}{\gamma (N_{t-1} - 1)} \right] \right\}$$

$$(5.13)$$

而当替代弹性 γ 的估计因质量偏好的存在而发生变动时, V 与 P、a_0 的大小都会发生变化: 当纳入质量偏好后, γ 的估计将上升, 而由 (5.8) 式可见, a_0 会下降, 支出指数减少, 福利上升; 由 (5.12) 式、(5.13) 式可见, V 与 P 的作用下降, 余下的部分来自质量偏好的变化带来的贸易福利。而进一步地, 加权质量偏好强度取决于收入分配的均衡程度, 遂将收入分配因素引入贸易福利的决定中。

（二）质量边际效应的实现

如前所述, 贸易福利的估计主要依赖进口份额、替代弹性、生产率分布状况。质量边际的影响将通过替代弹性的变化实现。与 Feenstra（1994）对替代弹性的估计不同, 由于收入分配对需求（继而质量供给）产生影响, 原文假设的矩条件不再成立。而要将收入分配变量引入其中, 重新估计。预计新得到的替代弹性会上升, 令产品种类和成本加成的福利效应减少, 余下的部分就是质量边际的效应。

（三）小结

综合上述分析可见, 消费方贸易福利所得的核心是贸易带来支出的降低, 这一降低源于产品种类的上升带来的成本加成的下降。在 CES 效用函数中成本加成不变, 但可以通过改变产品集的精准价格指数测度这一影响; 而 Translog 支出函数可以将成本加成的变动显化, 将成本加成的影响和产品种类的其他影响分离, 直接测算成本加成的作用大小。本书引入的质量边际通过偏好强度影响贸易福利: 将偏好不变的假设进一步放宽, 令产品种类增加的影响随偏好强度的变化进一步变动, 而偏好强度又依赖收入分配情况, 因而将收入分配引入贸易福利的决定中。

本质上, 偏好强度影响的是需求弹性与替代弹性, 而贸易福利所依赖的两个变量恰恰是支出份额与替代弹性，所以在各种形式的贸易福利测度中（又如 Arkolakis et al.，2012），收入分配都是通过这一渠道对产品种类的福利增减起作用，表达式不同，而本质统一。

二、生产方

Feenstra & Kee（2008）指出，出口产品种类的提高可以提高一国的生产率。纳入异质性企业模型后，产品种类的表达式受临界生产率的影响；由本书的理论分析，一国的收入分配均衡度影响着出口企业的质量选择，而影响贸易国间的出口临界生产率。因此，收入分配的情况可以通过质量边际影响一国生产率。在 Feenstra & Kee（2008）的结论中，出口产品种类的提高可以解释对某一国而言，时间序列上生产率的提高，但对不同国家间生产率的差异，没有解释力。而收入分配这一国别因素恰好可以解释国家间生产率的差异。进一步的结论尚需实证分析，但收入分配令需求成为一国的比较优势的思路已极具启发性。我们未来的研究将致力于收入分配对一国生产率影响的实证检验。

具体而言，Feenstra & Kee（2008）认为依据 Feenstra（1994），一国 h 的相对出口产品种类可以表示为：

$$\Lambda_{ixt}^h = \frac{\lambda_{it}^F(J)}{\lambda_{it}^h(J)} = \frac{\sum_{j \in J_{it}^F} p_i^F(j) q_i^F(j)}{\sum_{j \in J_{it}^F} p_i^F(j) q_i^F(j)} \tag{5.14}$$

其中，F 是参照国，经推导，最终回归方程为：

$$EstimatedTFP_t^h = \hat{\alpha}_0^h + \hat{\beta}_{0t} + \sum_{i=1}^7 \frac{1}{2}(s_{it}^h + s_{it}^F)\hat{\rho}_i W_{it}^h \ln(\Lambda_{it}^h) + \hat{\varepsilon}_t^h \tag{5.15}$$

由第一节内容可知，当放宽偏好强度不变的假设时，产品种类的表达式 λ_t 将包含收入分配参数，收入分配将进入回归方程（5.14）式的解释变量中而对一国生产率产生作用。并且，由第一节的分析可知，收入分配均衡度上升，对产品种类 i 的偏好强度上升，i 的出现带来的产品种类增加，对生产率起到正向作用。

由以上分析可见，加入质量边际后，收入分配可以通过偏好强度影响生产率所得，并且收入分配均衡度越高，一国在贸易（出口）中的生产率提高越大。

Broda & Weinstein（2004）指出，由于假设了简单的市场结构和各国相同的替代弹性，弹性的估计并不准确，进一步推演市场定价特点，从而给出更准确的替代弹性估计，是未来的研究方向。而我们正是通过质量边际，将收入分配作为市场特征引入了替代弹性的估算与贸易福利的计算中，希望可以显化一国的收入分配状况对该国在贸易中福利所得的影响力，为未来的政策提供参考。

此外，企业异质性决定了企业的生产质量选择不同，由理论分析可知成本加成随之不同。此时企业的进入与退出对一国的贸易福利影响更为复杂，不仅要考虑贸易种类的影响，还有贸易自由化对不同企业成本加成的异质影响，有时是竞争效应（Pro-competitive Effect），有时是反竞争效应——贸易令高生产率企业扩张，质量提升，成本加成上升，社会福利未必提高。Edmond et al.（2012）指出，当成本加成可变时，对不同行业而言，社会福利的变化方向是不能一概而论的，要根据行业特点具体分析。

第四节　本章小结

在贸易理论中，研究某一影响因素对贸易模式的作用，最终目的是为了考察该因素所引致的贸易模式变动对贸易双方贸易福利的影响。本章第二节归纳阐释了贸易理论中，贸易福利所得的三方面来源，且各方面来源的分类及其原理；依据这些福利来源，按福利来源将收入分配逐个引入其中，探讨了收入分配对贸易福利产生影响的根源。

本章第三节进一步从函数方法的比较上讨论了收入分配通过质量边际

对贸易福利的影响。这部分内容是目前国际贸易研究中关注的热点，且由于新新贸易理论中对异质性的强调，呈现出更多新颖方法与具有新意的结论。阐释了将收入分配引入贸易福利计算问题研究的最新方法，并从消费方、生产方的视角，说明了出口产品质量变化对替代弹性、企业生产率的影响，从而论证了前述收入分配影响出口质量，进而影响贸易福利的设想。通过对纳入质量边际后与未考虑质量变化前的福利计算公式的比较分析，将收入分配通过质量边际对贸易福利的影响进行了论证。由分析可见，质量边际影响回归设置而影响替代弹性的估计结果，从而对产品种类指数产生影响，继而进入价格指数和生产率的决定中。而由于收入分配会影响质量偏好及质量生产，这就是本书所论证的收入分配通过质量边际影响贸易福利的过程。

第六章　结　语

　　本书的主要观点是：收入分配状况作为国别特征之一（与市场大小、市场距离一样），影响了出口企业的出口质量选择，可以进而影响出口国在贸易中福利所得的大小。对于普通消费品（Manufactured Goods）而言，在对富裕人口的质量需求偏好作出一定假设时（假设相对富裕者对质量偏好的增速低于相对贫穷者），得出较均衡的收入分布使一国在贸易中更具优势的结果。

　　本书将异质性企业模型与异质性消费者联系起来，通过质量偏好的异质性令相对收入水平对质量需求产生影响。而质量偏好的设置结合了发展经济学中收入分配对经济增长的论述与微观层面相对收入对效用的影响研究，有着坚实的理论基础与现实依据。由拟线性效用函数得出可变的消费集，从而令需求受到一国收入分配情况的影响，进而由这种需求异质性影响了企业的质量选择。

　　在理论发展上，本书的理论研究丰富了贸易理论中贸易收益的来源。在新古典贸易理论中，贸易的收益来源于贸易国对各自比较优势的发掘（生产的专业化）；新贸易理论中，贸易的益处来源于利用贸易伙伴国的市场规模（规模效应）；本书模型在新贸易理论的基础上进一步强调了质量升级的规模效应——贸易的收益还来源于质量需求强度，以实现产品的质量升级。另外，本书模型也是对前人经济地理研究的继承和发展。前人所强调的目的地市场特征主要是市场规模、距离与创新能力。本书在此基础上增加了一个维度：资产收入均衡程度。由此，在一国市场规模、创新能力给定时，该国仍可通过改善自己的资产收入分配水平来提升本国平均生产率与产品质量。

在现实经济中，我国正处于经济转型的关键期，面临着收入分配不均、国内市场需求不足、产品质量升级缓慢等重要问题。如何合理配置资源、实现制造业的成功转型，关系到我国经济的长远发展。本书尝试从模型构造与实证检验方面，将收入分配与经济转型联系起来，希望通过理论创新，对我国现实经济中转型的困难与存在的机会有一个更好的理解。

第一节　主要结论及含义

中国要在传统贸易伙伴外需收紧的情况下力图发展，实现产品质量升级，保证在国际市场上的竞争力，一方面需要提振内需，促进内外贸一体化；另一方面需要出口目的地多元化，发掘新的出口市场。这两者都与进出口国的国别特征——收入分配状况有着紧密联系。

一、主要结论

本书通过对理论模型的分析得出，资产收入分配可以影响一国产品质量和生产率水平：低收入群体资产收入的上升可以提高厂商的产品质量提升速率，优化资源配置，从而在本国生产率水平给定的情况下，提高出口产品的平均质量水平。本书区分了两种提高资产收入分配均衡程度的手段的不同效果，指出提高低收入者的收入水平在一定程度上优于降低低收入者的比例，最终效果取决于行业生产率的真实分布情况。

本书通过实证研究证实，对技术含量较高的产品而言，一国的收入分配状况对企业的质量选择有着显著的影响：贫困人口比例越少，一国质量选择越高（相对值）；贫富差距越小，一国质量选择越高。考虑多种回归设置与收入分配的度量方式，此结果均显著。我们应该重视收入分配因素对需求，从而对一国质量生产的能动作用，积极进行收入分配的合理化调整，促进企业竞争力的提升和经济的发展。

以上结论主要有以下两点经济含义：

其一，优化总需求结构，重视内需对出口的作用。由模型可见，扩大内需与稳定出口并非对立，而是相辅相成；国内的需求模式也影响着厂商对出口产品的质量选择，国内消费结构的升级保证出口厂商的获利能力，使其降低风险，从而选择质量升级。在外部需求下降的形势下，我们应充分调动内需的能动性，适当提高内需占总需求的比重，将经济发展的动力掌握在自己手中。

其二，优化内需结构，要重视收入分配的作用。收入差距过大，会降低财富的利用效率，导致需求结构异常，不利于生产率提升。适度调整收入分配差距，可以通过优化需求结构，引导供给结构的调整，从而优化资源配置，同时令出口企业降低质量升级风险，顺利实现出口到内销的转型。在这个过程中，政府的职责是适度调整收入分配差距，尊重需求，解放需求，让需求充分发挥其市场作用，而不必过度干预市场。

二、相关政策建议

在出口产品质量方面，依照本书所阐述的收入分配对出口产品结构优化的意义在于：降低低收入消费者的比例，可以淘汰相应的低效率企业而令社会资源向中、高端产品的生产者集聚，降低低端产品份额；扩大中产阶级的规模，在内需市场形成对中高品质产品广阔的需求，推动企业创新投资，推动内外贸市场对产品品质需求的接轨，从而提高出口产品质量，提升该行业的出口产品结构。另外，由分析可见，一方面，中国出口产品90%以上处于国际低端水平，中端层次断档，对产业进一步升级极为不利；整体出口结构中亟待扩大中、高端产品份额。另一方面，中国几类代表性产品的出口结构与国际平均水平相比，食品的出口结构较有优势。从产品品质的角度看，与制造业相比，中国的行业品质的比较优势在于农业，而并非一向以出口额规模为标准所认知的服装纺织等低技术含量行业。Hallak 在其 2006 年的文章中提及，尽管各国占据比较优势的行业不同，但发达国家在各个行业中的产品质量都优于发展中国家，更具竞争力。所以，要尽快提升本国的竞争优势，各国应以各自比较优势为依托，着力发展该行业的产品品质。因此，我国应重视农业及其相关上下游食品加工业的产业升级，提升产品品质和产品附加值，鼓励创新投入，在保证出口竞争力的同时增加利润，成为相关行业的出口强国，而不是一味将资源配置到低附加值、依靠廉价人力成本维持出口额的低技术含量行业。

在收入分配方面，由以上分析可见，收入分配对消费的影响的现实含义是：相对消费对产品需求的影响。贫富差距过大易造成富有者在地位型消费品上的投入，在减少贫穷者消费的同时也降低了富有者在普通产品上的支出，从而阻碍了经济的进一步增长。因此本书所得出的收入分配影响出口质量的结论中，"收入分配"不仅仅指劳动收入或资产收入，而是所有影响了消费者消费决定的社会资源，如有无城镇户口、养老保险等。因此本书与收入分配相关的政策含义也更为深远。如增加低收入者的收入水平、扩大社会福利保障覆盖面和保障水平、推进户籍制度改革、公费教育等，令社会底层低收入消费者的消费意愿提高；同时，促进人才流动，调节税收，提高对高收入人群的征税，适当调节过高收入者的收入水平，以提高财富的使用效率；在金融方面鼓励中小银行的信贷业务创新，令个人消费信贷融资成本降低，从而促进消费的平稳增长。

第二节　局限性与未来方向

本书虽然使用了较为前沿的理论与实证方法，得出了较为合理的分析结论，但仍有很大局限性。

其一，本书的理论模型仍是局部均衡。由于劳动性收入的变动并未纳入需求的决定中，因而劳动力市场的作用没有考虑在内，进一步发掘异质性企业模型中劳动力市场与质量选择的互动规律是未来模型拓展的方向。

其二，本书的假设仍有一定的特殊性，这导致本书结论的应用具有相当的局限性。相对收入高者的质量偏好增速低于相对收入低者的情况仅适用于一部分商品。因而本书结论对奢侈品没有解释力，甚至对某些较特殊的工业制成品也应用有限。即本书结论只适应于一部分行业或部门，收入分配均衡度提升而对其他部门（奢侈品）形成的负面影响并未考虑。另外，企业只生产一种产品（Single Product）的假设也有局限性，未来应进一步探讨多产品企业模型（Multi-product）来验证结论的稳健性。

其三，收入分配的作用在本质上还是取决于国家的经济发展水平。实证检验发现收入水平的作用仍为主导。虽然相关系数显著，但收入分配对质量选择的解释比例可能较小，仍需进一步研究。在贸易福利部分更需进一步的实证量化论证。

其四，本书主要考虑了产业内贸易、垄断竞争，而对以要素禀赋为基础的行业间贸易并未考虑。在可获得数据是较粗行业层面时，可能有要素禀赋的因素并未拆解而令结论的稳定性受到质疑。

以上四点是文章的未尽之处也是未来研究的拓展方向。

附　录

表 1　各变量含义

变量类别	变量	含　义
与需求有关的变量	α, η	差异性产品与计价产品间的替代性
	γ	差异性产品内部种类的可替代性
	N_P	P 类消费者消费差异性产品的种类数
	L	该国人口数
	$\overline{P_P}$, $\tilde{P}$	P 类消费者所消费产品的平均价格；产品种类加权的平均价格
	Ω_P	P 类消费者消费的产品集
与质量选择有关的变量	Z_i	产品 i 的质量
	$\overline{Z_P}$, $\tilde{Z}$	P 类消费者所消费产品的平均质量；由产品种类与偏好强度加权的平均质量
	σ_u	消费者 u 对质量的评价，$u = P, R$
	$\tilde{\sigma}$	质量的加权偏好强度
	d_u	消费者 u 的资产水平与平均资产水平之比，$u = P, R$
与供给有关的变量	c	边际成本（生产率）
	θ	厂商的创新能力
	f_z	质量生产的固定成本
	I_Z	0-1 变量，如果厂商选择质量生产，则取 1，无质量升级，则为 0
	p_i, q_i	第 i 种产品在均衡状态下的价格、需求量
	r_i, π_i	第 i 种产品在均衡状态下的收入、利润
	μ_i	第 i 种产品在均衡状态下的成本加成

变量类别	变 量	含 义
与生产率有关的变量	c_D	对两类消费者都生产的厂商的边际成本门槛——抽得 $c > c_D$ 的厂商退出，$c < c_D$ 者生产
	c_D^u	只针对消费者 u 生产的生产商的生产门槛，$u = P$，R。该值越低说明该类厂商生产率越高
	c_Z	质量生产门槛，抽得 $c < c_Z$ 的厂商选择质量生产，反之，选择 $Z_i^* = 0$，即不进行质量生产
	$\bar{c}$	一国平均生产率
	λ，λ_u	质量（相对于生产率）的提升速率；只面对消费者 u 的生产商的质量提升速率，$u = P$，R
上标	l，h	l 代表本国，h 代表出口目的国
下标	X，D	X 代表与出口有关的变量，D 代表与本国生产有关的变量

参 考 文 献

［1］鲍晓华、金毓：《出口质量与生产率进步——收入分配的影响力》，《财经研究》，2013 年第 8 期。

［2］陈丽丽：《中国出口产品的相对质量提升了吗——结合价格和产品技术含量的新考察》，2013 年会议论文。

［3］陈勇兵、李伟、蒋灵多：《中国出口产品的相对质量在提高吗？——来自欧盟 HS6 位数进口产品的证据》，《世界经济文汇》，2012 年第 4 期。

［4］冯迪：《基于需求结构视角的本地市场效应研究》，2012 年会议论文。

［5］何伟文：《稳定出口增长，实现消费、投资、出口均衡发展》，《国际贸易》，2012 年第 2 期。

［6］沈颖郁、张二震：《对外贸易、FDI 与中国城乡收入差距》，《世界经济与政治论坛》，2011 年第 6 期。

［7］施炳展：《中国出口增长的三元边际》，《经济学（季刊）》，2010 年第 4 期。

［8］文娟、孙楚仁：《贸易与中国收入不平等的计量检验》，《财贸研究》，2009 年第 1 期。

［9］徐晓慧：《基于空间计量的进出口贸易与居民收入差距的关系研究》，《上海对外贸易学院学报》，2013 年第 4 期。

［10］严卫国：《谁剃光了企业的利润——中小企业转型升级之路》，

浙江大学出版社，2012 年版。

［11］Acharyya，Rajat and Ronald W. Jones（2001）. Export Quality and Income Distribution in a Small Dependent Economy. International Review of Economics & Finance，10（4），pp. 337-351.

［12］Anh J. ，Khandelwal A. and S. -J. Wei（2010）. The Role of Intermediaries in Facilitating Trade. NBER Working Paper 15706.

［13］Antoniades A. （2008）. Heterogeneous Firms，Quality，and Trade. Columbia University Mimeo.

［14］Arkolakis，Costas（2010）. Market Penetration Costs and the New Consumers Margin in International Trade. NBER Working Paper 14214.

［15］Arkolakis，Costas and Marc-Andreas Muendler（2010）. The Extensive Margin of Exporting Goods：A Firm-level Analysis，University of California. San Diego，Mimeo.

［16］Arkolakis K. ，Costinot A. and A. Rodriguez-Clare（2009）. New Trade Models，Same Old Gains? NBER Working Paper 15628.

［17］Arkolakis K. ，Costinot A. and A. Rodriguez-Clare（2012）. New Trade Models，Same Old Gains? American Economic Review，102（1），pp. 94-130.

［18］Atkeson ，Andrew and Ariel Tomás Burstein（2010）. Innovation，Firm Dynamics，and International Trade. Journal of Political Economy，University of Chicago Press，vol. 118（3），pp. 433-484.

［19］Auer R. （2009）. Product Heterogeneity，Within-Industry Trade Patterns，and the Home Bias of Consumption? Study Center Gerzensee Discussion Paper.

［20］Auer R. and P. Sauré（2009）. Spatial Competition in Quality. Swiss National Bank Mimeo.

［21］Auer R. and Chaney T. （2009）. Exchange Rate Pass-Through in a Competitive Model of Pricing-to-Market. Federal Reserve Bank of Dallas Working Paper 23.

[22] Aw Y. B., Batra G. and Roberts. J. M. (2001). Firm Heterogeneity and Export-Domestic Price Differentials, A Study of Taiwanese Electronic Products. Journal of International Economics, 54, pp. 149-169.

[23] Baldwin R. & J. Harrigan (2011). Zeros, Quality and Space: Trade Theory and Trade Evidence. American Economic Journal, 3 (2), pp. 66-80.

[24] Bekkers, Eddy, Francois J. and Manchin M. (2010). Import Prices, Income, and Income Inequality. University of Linz and University College London, Mimeo.

[25] Bergin R. Paul and Robert C. Feenstra (2007). Pass-Through of Exchange Rates and Competition Between Floaters and Fixers. NBER Working Papers 13620.

[26] Bernard, Redding and Schott (2008). Comparative Advantage And Heterogeneous Firms. NBER Working Paper 10668.

[27] Breshnahan T. (1981). Departures from Marginal-Cost Pricing in the American Automobile Industry. Journal of Econometircs, 17, pp. 201-227.

[28] Broda C., and D. Weinstein (2006). Globalization and the Gains from Variety. The Quarterly Journal of Economics, 121 (2), pp. 541-585.

[29] Brooks E. L. (2006). Why don't Firms Export More? Journal of Development Economics 80, pp. 160-178.

[30] Choi, Yo Chul, David Hummels and Chong Xiang (2009). Explaining Import Quality: The Role of Income Distribution. Journal of International Economics 77, pp. 265-275.

[31] Chris Edmond, Virgiliu Midrigan and Daniel Yi Xu (2012). Competition, Markups and Gains from International Trade. NBER Working Paper 18041.

[32] Clark, Andrew and Frijters, Paul and Shields, Michael (2008).

Relative Income, Happiness, and Utility: An Explanation for the Easterlin Paradox and Other Puzzles. Journal of Economic Literature, 46 (1). pp. 95–144.

[33] Crozet M., Head K. and Mayer T. (2012). Quality Sorting and Trade: Firm–Level Evidence for French Wine. Review of Economic Studies, 79 (2), pp. 609–644.

[34] Davis and Weinstein (1999). Economic Geography and Regional Production Structure: An Empirical Investigation. European Economic Review, 43, pp. 379–407.

[35] Davis and Weinstein (2003). Market Accesss, Economic Geography, and Comparative Adavantage: An Empirical Test, 59, pp. 1–23.

[36] Dixit, Avinash K. and Stiglitz, Joseph E. (1977). Monopolistic Competition and Optimal Product Diversity. American Economic Review, 67 (3), pp. 297–308.

[37] Fajgelbaum P., Grossman G. and E. Helpman (2009). Income Distribution, Product Quality and International Trade. NBER Working Paper 15329.

[38] Falvey, Greenaway and Zhihong Yu (2005). Catching Up or Pulling Away: Intra – Industry Trade, Productivity Gaps and Heterogeneous Firms. Manuscript.

[39] Feenstra C. Robert (2009). Measuring the Gains from Trade under Monopolistic Competition. Draft.

[40] Feenstra C. Robert, and Levinsohn A. James (1995). Estimating Markups and Market Conduct with Multidimensional Product Attributes. The Review of Economic Studies, 62 (1), pp. 19–52.

[41] Feenstra C. Robert (1994). New Product Varieties and the Measurement of International Prices. American Economic Review, 84 (1), pp. 157–177.

［42］Feenstra R. , and H. L. Kee（2008）. Export Variety and Country Productivity: Estimating the Monopolistic Competition Model with Endogenous Productivity. Journal of International Economics, 74, pp. 500-518.

［43］Flam H. and E. Helpman（1987）. Vertical Product Differentiation and North-South Trade. American Economic Review, 77（5）, pp. 810-822.

［44］Foster L. , Haltiwanger J. and Syverson C. （2008）. Reallocation, Firm Turnover, and Efficiency: Selection on Productivity or Profitability? American Economic Review, 98（1）, pp. 394-425.

［45］Funk, Peter （1998）. Satiation and Underdevelopment. Journal of Development Economics, 57（2）, pp. 319-341.

［46］Gabszewicz, J. Jaskold and Thisse, J. —F. （1979）. Price Competition, Quality and Income Disparities. Journal of Economic Theory, 20, pp. 340-359.

［47］Glass, J. Amy （2001）. Price Discrimination and Quality Improvement. Ohio State University, Mimeo.

［48］Goldberg , K. Pinelopi and Nina Pavcnik （2007）. Distributional Effects of Globalization in Developing Countries. Journal of Economic Literature, 45（1）, pp. 39-82.

［49］Goldberg, Pinelopi, Amit Khandelwal , Nina Pavcnik, and Petia Topalova （2009）. Trade Liberalization and New Imported Inputs. American Economic Review, 99（2）, pp. 494-500.

［50］Hallak, C. J. （2004）. Product Quality, Linder and the Direction of Trade. NBER Working Paper, 10877.

［51］Hallak, C. J. （2006）. A Product-Quality View of the Linder Hypothesis. NBER Working Paper, 12712.

［52］Harrigan J. and Haiyan Deng （2008）. China's Local Competition Advantage. Conference Paper.

［53］Hason H. G. and Chong Xiang （2004）. The Home - Market Effect and Bilateral Trade Patterns. the American Economic Review, 94, pp. 1108-1129.

[54] Hummels D. and P. Klenow (2005). The Variety and Quality of a Nation's Exports. American Economic Review, 95 (3), pp. 704-723.

[55] Hunter, C. Linda (1991). The Contribution of Nonhomothetic Preferences to Trade. Journal of International Economics, 30, pp. 345-358.

[56] Johnson, C. Robert (2011). Trade and Prices with Heterogeneous Firms. Journal of International Economics, 86 (1), pp. 43-56.

[57] Jin Ye, Li Hongbin and Wu Binzhen. Income Inequality, Consumption and Social-Status Seeking. Tsinghun University, Manuscript.

[58] Khandelwal A. (2010). The Long and Short (of) Quality Ladders. Review of Economic Studies, 77 (4), pp. 1450-1476.

[59] Kneller, Richard and Yu, Zhihong (2008). Quality Selection, Chinese Exports and Theories of Heterogeneous Firm Trade. University of Nottingham, Mimeo.

[60] Lin Lu (2010). International Trade and Within Country Income Inequaltiy. Tsing Hua University, Mimeo.

[61] Linder, Staffan (1961). An Essay on Trade and Transformation. Almqvist and Wicksell, Stockholm.

[62] Ma, Ya and Dei, Fumio (2009). Product Quality, Wage Inequality, and Trade Liberalization. Review of International Economics, 17 (2), pp. 244-260.

[63] Manova K. and Zhiwei Zhang (2009). Quality Hetergeneity Across Firms and Export Destinations. NBER Working Paper 15342.

[64] Markusen (1986). Explaining the Volume of Trade: An Eclectic Approach. the American Economic Review, 76 (5), pp. 1002-1011.

[65] Martin J. (2009). Spatial Price Discrimination in International Markets. CREST-INSEE Mimeo.

［66］Matsuyama K. （2000）. A Ricardian Model with a Continuum of Goods under Nonhomothetic Preferences: Demand Complementarities, Income Distribution, and North-South Trade. Journal of Political Economy, 108 （6）, pp. 1093-1120.

［67］Matsuyama, Kiminori （2002）. The Rise of Mass Consumption Societies. Journal of Political Economy, 110 （5）, pp. 1035-1070.

［68］Mayer T. , Melitz M. and G. Ottaviano （2009）. Market size, Competition, and the Product Mix of Exporters. Harvard University mimeo.

［69］Melitz M. （2003）. The Impact of Trade on Intra-Industry Reallocations and Aggregate Industry Productivity. Econometrica, 71 （6）, pp. 1695-1725.

［70］Melitz M. and G. Ottaviano （2008）. Market Size, Trade, and Productivity. Review of Economic Studies, 75 （1）, pp. 295-316.

［71］Mitra, Devashish and Vitor Trindade （2005）. Inequality and Trade. Canadian Journal of Economics, 38 （4）, pp. 1253-1271.

［72］Murphy K. M. , A. Shleifer and R. Vishny （1989）. Income Distribution, Market Size, and Industrialization. Quarterly Journal of Economics, 104 （3）, pp. 537-564.

［73］Ottaviano G. I. P. , T. Tabuchi and J. -F. Thisse （2002）. Agglomeration and Trade Revisited. International Economic Review, 43, pp. 409-436.

［74］Redding J. Stephen （2010）. Theories of Heterogeneous Firms and Trade. NBER Working Paper 16562.

［75］Redding Steven and Venables J. Anthony （2004）. Economic Geography and International Inequality. Journal of International Economics, 62, pp. 53-82.

［76］Rosen S. （1974）. Hedonic Prices and Implicit Markets: Product Differentiation in Pure Competition. Journal of Political Economy, 82, pp.

34-55.

［77］Simonovska I. （2010）. Income Differences and Prices of Tradables. NBER Working Paper 16233.

［78］Verhoogen E. （2008）. Trade, Quality Upgrading and Wage Inequality in the Mexican Manufacturing Sector. Quarterly Journal of Economics, 123 （2）, pp. 489-530.

［79］Zweimuller, Josef （2000）. Shumpeterian Entrepreneurs Meet Engel's Law: The Impact of Inequality on Innovation-Driven Growth. Journal of Economic Growth, Vol. 5, pp. 185-206.